PUBERTAD POSITIVA PARA CHICOS

Barbara Pietruszczak
Ilustrado por Anna Rudak

HACIA LA ADOLESCENCIA:
GUÍA DE POSITIVIDAD CORPORAL PARA LOS CAMBIOS EN EL CUERPO Y EN LAS EMOCIONES

PUBERTAD POSITIVA PARA CHICOS
HACIA LA ADOLESCENCIA: GUÍA DE POSITIVIDAD CORPORAL
PARA LOS CAMBIOS EN EL CUERPO Y EN LAS EMOCIONES
Autora: Barbara Pietruszczak, 2021

1.ª edición en castellano: noviembre de 2023

Título original: *Twoje ciałopozytywne dojrzewanie.*
Przewodnik po zmianach w ciele, emocjach i ciałopozytywności
Editorial original: Moonka, Poland
Text © copyright de moonka 2021
Ilustraciones © copyright de moonka 2021
Ilustraciones y diseño de portada: Anna Rudak, 2021
Traducción del polaco: Joanna Ostrowska

Asesoramiento: Dra. Hanna Szweda
Esta publicación ha recibido el apoyo
de ©POLAND Translation Program

Con el apoyo de:

Generalitat de Catalunya
Departament de Cultura

ic ɘc Institut Català de les
Empreses Culturals

Copyright © Editorial el Pirata, 2023
info@editorialelpirata.com
editorialelpirata.com

FSC
www.fsc.org
100%
Procedente de
bosques bien
gestionados
FSC® C152346

ISBN: 978-84-19898-04-3
Depósito legal: B 14531-2023
Impreso en China.

*Os dedico este libro a ti y a todos los chicos
y hombres estupendos, inteligentes, sensibles y
valientes que han permitido crearlo.*

índice

¿Cómo leer este libro?

La idea de esta guía es ofrecerte el máximo de información posible sobre la pubertad. La comprensión de nuestro cuerpo es una fortaleza, y es importante que sepas qué está pasando contigo durante este tiempo. Así podrás apreciar tu cuerpo y aprender a mimarlo; ¡en eso consiste la positividad corporal! En las siguientes páginas, leerás sobre cambios en el cuerpo, sobre emociones y sobre **cómo cuidarte y fortalecerte**.

En este libro escribo sobre los chicos. Si no eres un chico, pero los cambios que describo se te aplican, sigue leyendo y toma de este libro lo que necesites.

No tengas prisa al leerlo. En las siguientes páginas te espera mucha información, así que date tiempo para asimilarlo todo. Puedes absorberla en raciones pequeñas y centrarte solo en lo que te interesa ese día. A no ser que prefieras leer los libros de cabo a rabo… ¿O te gusta hacerlo de otra forma? Sea como sea, ¡hazlo como te resulte más cómodo! **Lee este libro como te apetezca: solo o con alguien. ¡Tú eliges!**

En el capítulo 5 te esperan dibujos de anatomía: pueden ser útiles si te olvidas de alguna palabra del vocabulario del cuerpo. Y, si algo no está claro o decides que te gustaría saber más, pregúntale a alguien de tu familia o a un adulto de confianza: ¡ellos ya han superado la pubertad!

Una última cosa: **si te apetece, escribe en este libro, subraya y marca lo que llame tu atención. ¡Esta guía es tuya!**

En hojas como esta…

… Manu, Jaime, Marcos, Biel, Teo, Toni, Carlitos y Miguel compartirán contigo sus historias del periodo de la pubertad.

CAPÍTULO 1

Bienvenido a casa

Tu cuerpo es tu casa y vives en cada una de sus partes: en el oído, en el corazón y en el hígado, en la barriga y en la nariz —sí, allí también—. En realidad, **eres tu cuerpo**. Al fin y al cabo, gracias a él puedes vivir, saltar, jugar, leer, cantar y sentir. **¡Cuidando tu cuerpo, te cuidas a ti mismo!**

Esta manera de percibir
el cuerpo es la positividad
corporal, es decir, tener
una actitud positiva hacia el
cuerpo, sentirlo y apreciarlo.

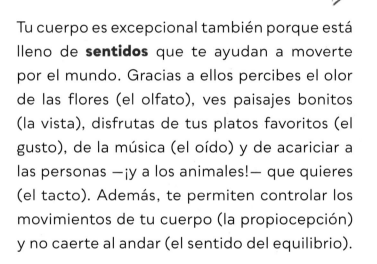

Tu cuerpo es excepcional también porque está lleno de **sentidos** que te ayudan a moverte por el mundo. Gracias a ellos percibes el olor de las flores (el olfato), ves paisajes bonitos (la vista), disfrutas de tus platos favoritos (el gusto), de la música (el oído) y de acariciar a las personas —¡y a los animales!— que quieres (el tacto). Además, te permiten controlar los movimientos de tu cuerpo (la propiocepción) y no caerte al andar (el sentido del equilibrio).

¿Qué puedes hacer gracias a los sentidos?

Antes de seguir leyendo, haz una pequeña pausa y anota qué puedes y qué te gusta percibir gracias a los sentidos.

Ejemplos:

- Me encanta acariciar a mi perro y sentir el tacto de su pelo.
- Me gusta observar el árbol que se ve desde la ventana de mi cuarto.
- Me vuelve loco el sabor del helado de chocolate y cómo, al comerlo, siento frío en la cabeza.
- Adoro el olor de los pasteles recién hechos.

Ahora tú:

Tu cuerpo te permite moverte por el mundo y hacer cosas extraordinarias. Pero las actividades «normales», a las que ya te has acostumbrado, también son impresionantes: caminas, nadas, montas en bici, te atas los cordones… ¡Es una verdadera hazaña!

Apunta qué puedes hacer gracias a tu cuerpo. Que te sirva como una chuleta por si te olvidas de lo maravilloso que es. ¡Un recordatorio de vez en cuando nos viene bien a todos!

Ejemplos:

Puedo montar en patinete.
Puedo leer cómics y jugar a mi videojuego favorito.

Te toca a ti:

· ·

· ·

· ·

· ·

· ·

· ·

Tu cuerpo está construido con pequeños «bloques», es decir, las células: son ellas las que forman tus huesos, cerebro, sangre, piel, pelo e incluso tu sistema inmunitario.

Las células se diferencian entre sí por su tamaño y su forma. Algunas se parecen a unos buñuelos diminutos (los glóbulos rojos), y otras, a unas cometas (las células del sistema nervioso). Todas son tan pequeñas que solo se pueden ver con un microscopio. La más pequeña es el espermatozoide. Recuérdalo: volverá a aparecer más veces en este libro.

¿Sabías que...?

Existen elementos todavía más pequeños que las células. **Todo el universo —los planetas, los cometas, la Luna y la Tierra— está formado por las mismas diminutas partículas, llamadas *átomos*.** Tú y tu cuerpo también estáis construidos con ellos. ¡Se puede decir que vienes del espacio exterior!

CAPÍTULO 2

Un cuerpo lleno de emociones

Sueles experimentar distintas emociones, es decir, señales de cómo estás. **Alegría, tristeza, miedo, asco o ira: ¡todo eso lo sientes en tu cuerpo!**

Las emociones son como una corriente: «fluyen» en ti todo el rato. A veces son un pequeño riachuelo y, en otras ocasiones, una enorme cascada —recuerda esta comparación, te será útil más adelante—. Influyen en tus actos, tus reacciones y tus relaciones con la gente.

¿Qué son exactamente las emociones?

Las emociones son las sensaciones que surgen en el cuerpo como reacción a diferentes acontecimientos y también… a tus propios pensamientos. **Las emociones nacen en el cerebro.** ¡Pero no porque te las estés inventando! Tu sistema nervioso —o sea, la red interna de conexiones en tu cuerpo—, junto con el cerebro, que lo dirige, está continuamente recibiendo señales del mundo y reaccionando ante ellas, entre otras, a través de las emociones y las sensaciones del cuerpo que les corresponden. Todo ello para que funciones mejor y puedas vivir más tiempo. **¡Las emociones son la clave para una vida larga y sana!**

AQUÍ SURGEN
LAS EMOCIONES

La conexión entre las emociones y las sensaciones en el cuerpo la ilustra bien la reacción *HLP* que tu cerebro activa ante un posible peligro:

H: Huida
L: Lucha
P: Parálisis

Es un mecanismo muy antiguo que heredaste de tus antepasados cavernícolas. Para ellos, el reconocimiento inmediato del peligro era una cuestión de vida o muerte —literalmente—. Por eso, durante su proceso de evolución, el cerebro humano ha creado un sensible mecanismo de alerta y reacción que ahora llamamos *HLP*. Descubre cómo funciona:

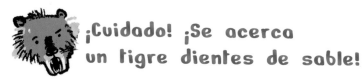

¡Cuidado! ¡Se acerca un tigre dientes de sable!

- La temperatura del cuerpo de tu antepasado sube para calentar sus músculos.
- Le fluye más sangre al corazón, que la bombea hacia las piernas, los brazos y los hombros; de esta manera, reciben más oxígeno, el combustible para alimentarse.
- Su cuerpo empieza a sudar para regular la temperatura.

Un nudo o dolor en el estómago señala que no es el momento de alimentarse; ¡hay que luchar por la supervivencia!

Todo eso ocurre en décimas de segundo. Tu anteanteanteantepasado está en estado de máxima alerta y puede:

Huir: ¡su cuerpo está preparado para echar a correr!

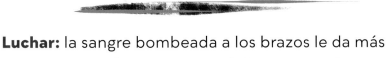

Luchar: la sangre bombeada a los brazos le da más potencia para forcejear con el tigre, ¡o por lo menos para golpearlo con una maza y huir después!

Quedarse paralizado: es decir, quedarse congelado, sin poder moverse. En esta situación, quizás permanecer inmóvil o hacerse el muerto es más eficaz para tu antepasado. ¿A lo mejor así el tigre no lo ve? ¿O tal vez algún otro animal llamará más su atención?

Y ahora, sustituye el tigre dientes de sable por un examen de Matemáticas, recitar un poema enfrente de toda la clase o una pelea con tu mejor amigo.

Aunque ninguna de estas cosas pone tu vida en peligro —¡en teoría!—, tu cerebro activa el mecanismo de *HLP* sí o sí: para él, cada peligro puede ser mortal. Por eso, en situaciones de estrés o agitación, sientes en tu cuerpo un estímulo tan fuerte como tu antepasado al ver un tigre dientes de sable.

Tras una aventura así, el cuerpo de tu antepasado experimentaba **estremecimientos y temblores, que le permitían eliminar la tensión**. El hombre de las cavernas hacía lo mismo que un perro al sacudirse: se «quitaba de encima» el estrés. Empieza a observar con atención a los perros, ¡uno puede aprender mucho de ellos!

El temblor es una **reacción natural y sana del cuerpo tras una situación estresante**.

En la actualidad, el mundo mira con recelo este tipo de comportamiento; por eso desde una edad muy temprana aprendemos a re-primirlos. Por suerte, algunos adultos se han acordado de que estremecerse ayuda y lo están empezando a hacer.

Si tú también tiemblas ante una situación difícil —una pelea, una actuación en el escenario, un accidente—, recuerda que tu cuerpo hace lo que considera la mejor respuesta en ese momento: libera las tensiones y restablece el equilibrio. **¡Concédete la libertad de temblar todo lo que puedas!**

También existen otros métodos de apagar una agitación fuerte; los encontrarás al final de este capítulo.

Mi historia

La pubertad no fue una etapa fácil para mí, en aquella época no sabía hablar sobre mis emociones. Cuando tenía miedo, me encerraba en mí mismo para que nadie supiera que estaba asustado. Cuando me sentía triste, no lo compartía con nadie. Por desgracia, tampoco sabía compartir las alegrías.

Toni

Durante la pubertad, tus emociones pueden estar cambiando con rapidez, hacerse más intensas y más complejas. Es el resultado de varios factores:

- **Hormonas:** tienen un papel fundamental en la pubertad y afectan a tu estado de ánimo.
- **Múltiples cambios:** empiezas una nueva escuela, tienes más obligaciones, conoces gente nueva…
- **Obras de ampliación y una GIGANTESCA renovación del mobiliario de tu cerebro:** ¡es allí donde surgen todas las emociones, que después experimentas en diferentes partes de tu cuerpo!

Es fácil perderte en las emociones, sobre todo cuando te resulta difícil definir cómo te sientes en realidad. Sentir y comprender tus emociones te será útil para descubrir qué es lo que quieres y qué es bueno para ti, y te ayudará a empatizar con otros.

Alegría, miedo, asco, tristeza, ira

Por suerte, sentir las emociones no se reduce únicamente al mecanismo *HLP* —aunque cada uno es diferente y las personas con un sistema nervioso más sensible pueden reaccionar de esta forma más a menudo—. Experimentas también los estados de **alegría, miedo, asco, tristeza e ira**, entre otros. Todos ellos son igual de necesarios. Puede que ya los conozcas y te manejes bien con ellos. Sin embargo, recuerda que durante la pubertad tus emociones irán cambiando, se volverán más intensas y a veces confusas. ¡Por eso puede ser útil repasar las ideas básicas!

La alegría dice: «¡Qué guay! ¡Quiero más!». Te ayuda a reconocer las situaciones que garantizan —y favorecen— la supervivencia.

El miedo es una señal para salir corriendo. Hay que retroceder. De esta forma, las emociones intentan protegerte.

La tristeza te ayuda a detenerte y a reflexionar sobre qué ha pasado exactamente. Es una emoción que invita a descansar, a dejar pasar algunas cosas, pero también a examinarte a ti mismo y al mundo.

La tristeza prolongada —y también una ira que no se va— requiere ayuda.
En el capítulo 9 puedes leer más sobre cómo cuidarte durante la pubertad.

La ira alerta de que algo va mal. Te impulsa a actuar y a detener el ataque, a decir «no». Pero recuerda que gritarle a la gente no favorece la comunicación. Está bien saber expresar la ira —en vez de hacerla explotar como una pompa de chicle—. Por suerte, es algo que puedes ir aprendiendo a lo largo de toda la vida.

El asco o la repulsión te protege de una intoxicación —p. ej., ante una *pizza* rancia— o te previene de algo que podría perjudicarte —p. ej., de contagiarte al tocar la sangre de otra persona—. También se puede sentir asco al pensar en el comportamiento de alguien.

No hay emociones buenas ni malas. Podemos decir que unas son más agradables que otras, pero todas son igual de necesarias. ¿Te imaginas la vida sin emociones? La calma también es una emoción, ¿eh?

Las emociones se entremezclan y lo hacen bastante a menudo. En el mismo instante puedes sentir la ira y la tristeza o la alegría unida al miedo o a la sorpresa.

¿Sabías que...?

Al diseñar los emojis, se consultó a científicos para que las pequeñas caritas plasmaran de la mejor forma posible las emociones humanas. Reflejan diferentes mezclas de sentimientos. Observa los emojis en tu móvil o en tu ordenador: ¿sabes nombrar las emociones que representan? Puedes ponerte a prueba junto con tu familia o amigos.

¿Puede que te falte algún emoji? ¿Cómo describirías ese estado? ¡Dibújalo!

Emociones en la pantalla

Te recomiendo que aproveches una noche o una tarde de domingo para ver la película de animación *Inside out* —traducida al castellano como *Del revés* o *Intensa Mente*—, protagonizada por... ¡las emociones! En concreto, por Alegría, Tristeza, Ira, Miedo y Asco, que viven en la cabeza de una chica de once años llamada Riley. La película cuenta cómo la ayudan a ir por la vida y qué pasa cuando no nos permitimos sentir la tristeza (espóiler: nada bueno).

Las emociones son tus aliadas: te avisan de si algo está bien o mal. Sin embargo, **tú no eres tus emociones y tus emociones no son tú**. ¡De ti depende cómo manejarlas!

- Cuando sientes miedo antes de un examen, ¿vas a faltar a la clase que te da pánico o vas a presentarte al examen y ver si tus emociones cambian?

- ¿Vas a lanzarle un peluche a tu hermana o vas a contar hasta diez y decirle que te has enfadado porque se llevó tu libro sin preguntar?

***

Puedes influir en tu comportamiento. Si todavía no sabes controlarlo como te gustaría, no pasa nada: ¡es algo que se puede aprender!

Mi historia

Incluso en la vida adulta, cuando sucede algo estresante o desagradable, a menudo «me congelo». En esos momentos, me siento inferior y me gustaría poder reaccionar de forma distinta, por ejemplo, hacer un comentario ingenioso o expresar mi ira de algún modo. Sin embargo, ahora soy consciente de que esta congelación es mi manera de afrontar las situaciones difíciles. Por eso intento aceptarla y quererla como parte de mí mismo. Además, he aprendido algunos trucos para descargar la tensión que se me acumula en el cuerpo. Sobre todo, respirar hondo.

Cuando siento ira, me gusta gritar. Me pongo de pie e intento relajar todo el cuerpo, principalmente la garganta y la laringe. Y así, relajado, ¡grito! Me imagino que el grito me sube desde los pies, como si a través de él quisiera lavar mi cuerpo de toda ira. Relajarse al máximo es importante para la garganta, pero también porque un cuerpo tenso acumula emociones, mientras que un cuerpo relajado las dispersa.

Cuando estoy triste, me acaricio y me abrazo. Me ayuda también colocarme en posición fetal. A veces, incluso me beso con cariño el cuerpo: las rodillas, los brazos y los hombros, porque es donde llego más fácilmente.

Cuando estoy asustado, o simplemente noto que tengo mucha tensión y mucho estrés acumulados, también me abrazo, pero más fuerte. Me hago un masaje en los pies; me presiono los gemelos, los muslos, los brazos y las nalgas; me acaricio la barriga, y me masajeo la cara con firmeza.

Carlitos

Las emociones hablan a través del cuerpo

Las emociones se comunican con nosotros a través del cuerpo. Por eso, saber leer las señales que te envía te ayudará a definir qué es lo que sientes. O, por lo menos, te dará una pista.

La barriga: el centro de las emociones

Muchas emociones —¿puede que todas?— las sientes en tu barriga. Piensa que es como un centro que recoge los datos sobre tu estado de ánimo.

Observaciones barrigudas

Durante los siguientes días, apunta en esta página cómo reacciona tu barriga cuando sientes emociones —si quieres, puedes juntarlo con el diario corporal de la página 48—. Es un espacio destinado a tus descubrimientos positivos, que te ayudarán a observar qué sientes en tu barriga en situaciones concretas.

Por ejemplo:

- Cuando me inquieto, noto que la barriga se me pone tensa.
- Cuando me enfado, mi barriga…
- Cuando me alegro…
- Cuando estoy triste…
- Cuando tengo miedo…
- Cuando echo de menos a alguien…

¿Qué duerme en tu barriga?

Un ejercicio fácil:

1. Siéntate o túmbate cómodamente y cierra los ojos.

2. **Escúchate a ti mismo.** Puede que notes algo claramente, o puede que no notes nada. Está bien. Sientas lo que sientas, intenta recordarlo.

3. Ahora coloca una mano en la barriga y aspira leeeentamente para que tu mano se eleve. A continuación, suelta el aire con suavidad. Puedes soltarlo por la nariz o por la boca, poniendo los labios como si quisieras **apagar una vela o soplar un diente de león**, esa flor que soplas para pedir un deseo. Al hacerlo, notarás que tu mano baja junto con la barriga.

4. Repite varias veces las aspiraciones y las espiraciones.

5. ¿Cómo te sientes ahora? ¿Notas si algo ha cambiado?

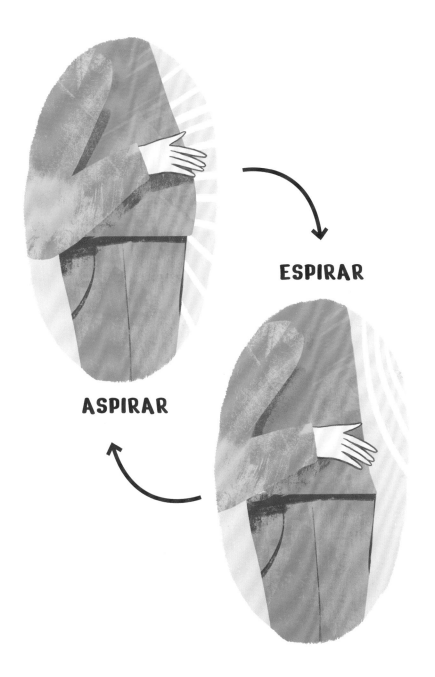

ESPIRAR

ASPIRAR

¿Sabías que...?

La lenta espiración es muy poderosa. Después de tres o cuatro repeticiones, probablemente notes que tu barriga está más blanda, y tú, más tranquilo. ¡Experimenta y comprueba!

Otras señales del cuerpo

Latidos acelerados del corazón indican que tienes miedo, estás entusiasmado o has corrido rápido.

Nudo en el estómago puede significar que no tienes ganas de hacer algo.

Piel de gallina manifiesta que estás entusiasmado, ¡hasta tienes escalofríos!

Lágrimas en los ojos son una señal de tristeza, alegría, emoción o impotencia.

Las lágrimas pueden aparecer en muchos momentos:

- Cuando estás muy feliz.
- Cuando estás emocionado.
- Cuando te sientes impotente.
- Cuando te invade una gran rabia.

Lo mismo ocurre con otras sensaciones en el cuerpo. A veces te puede resultar difícil definir qué sientes exactamente. Eso también está bien. **Lo más importante es que siempre «vuelvas» a ti mismo y analices cómo estás en ese momento concreto.**

Tu cuerpo es tu mejor guía por el mundo de las necesidades.
A través de sus gruñidos, el estómago te recuerda que toca comerte un sándwich y, a través de la sequedad, la boca te pide agua. Los bostezos indican que es la hora de dormir... o que te falta oxígeno.

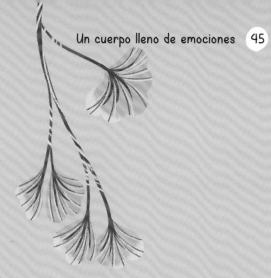

El cuerpo también puede
sugerirte que necesitas amor,
seguridad, cariño o movimiento.
¡Y son solo algunos ejemplos!

¡Mira de qué otras formas te habla tu cuerpo!

Temblor en las piernas y las manos: aparece cuando estás muy nervioso, tienes un ataque de miedo escénico o estás asustado. Lo experimenta un montón de gente.

Sudor en las manos y los pies: aparece cuando estás nervioso, entusiasmado o enfadado.

Temblor de la voz: aparece junto con el miedo y, a veces, también con la rabia. En otras ocasiones, acompaña a la inseguridad.

Mariposas en el estómago: pueden ser una señal de nerviosismo, pero también de gran excitación, cuando tienes muchas ganas de que llegue el momento que estás esperando.

Rubor en la cara: acompaña al nerviosismo, a la vergüenza y al bochorno.

Peso en el pecho: a menudo aparece junto con la tristeza.

Tensión: ¿sientes que todo tu cuerpo se tensa —sobre todo, la mandíbula, los brazos, las manos y las piernas— y se prepara para luchar? Probablemente es una señal de rabia.

Mareos y dolor de cabeza: ¡cuidado! Son muchas emociones. Mejor siéntate y respira hondo leeentamente. El dolor de cabeza suele aparecer cuando reprimimos las emociones y no las expresamos. Se refiere, sobre todo, a la rabia.

Observa lo que sientes
y comprueba qué sensaciones
se te despiertan en el cuerpo.
Es la mejor forma de conocer
el lenguaje de tu cuerpo.

Empieza a llevar tu diario corporal aquí abajo.

Apunta todas tus observaciones. Por ejemplo, conecta las señales provenientes del cuerpo con cómo te sientes.

Marca en este dibujo
dónde —y cómo— sientes
las distintas emociones.

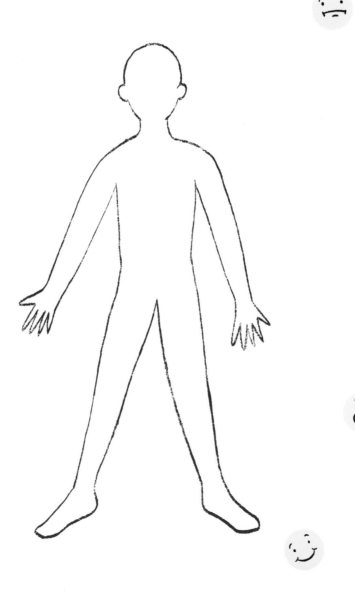

Las emociones son como olas

Si te das permiso para sentirlas, vendrán, se quedarán un rato y después se irán.

Pero, si apartas de ti las emociones y no quieres sentirlas, puede que empiecen a hervir —como el agua en la tetera— y, de repente, se salgan y te inunden con agitadas olas que a veces parecen no tener fin.

¿Qué hacer con el cúmulo de emociones?

La respuesta más simple es **dejarlas correr y fluir por tu cuerpo aunque no siempre sea fácil y agradable.**

Es un arte que aprendes cada día, sobre todo interactuando con personas cercanas. Porque tu familia o tus tutores son tus guías: observándolos y comunicándote con ellos vas conociendo el mundo de las emociones y aprendiendo a expresarlas. Por eso, si pasas por un mal momento, **cuéntaselo a una persona de confianza y pídele ayuda**. Es una reacción totalmente natural. ¡Y sana! Importante: no te quedes solo con las emociones que son difíciles para ti.

Si puedes y te apetece, abrázate a otra persona. El tacto fue el primer «lenguaje» de la humanidad: tiene un efecto relajante cuando el sistema nervioso está agitado —es decir, cuando bulle de emociones— y ayuda a calmarse.

Si no tienes a una persona cercana, habla con el pedagogo o el psicólogo de tu escuela, o llama al teléfono gratuito de la línea de ayuda de tu país (p. ej.: **116 111 en España**).

~~~~~~~~

Pedir ayuda en momentos difíciles = cuidar tu salud mental. ¡Es igual de importante que la salud física!

116
111

~~~~~~~~

¡Tú también eres un superhéroe!

Ser sensible y prestar atención a las emociones —las tuyas y las de los demás— es una GRAN FORTALEZA. **Expresar lo que sientes y hablar de lo que te asusta o preocupa es una habilidad muy importante.** Un superpoder, se podría decir incluso. Te ayuda a entenderte mejor a ti mismo y a abrirte al apoyo de los demás, también de tus amigos y amigas.

El superpoder número dos es la empatía: una especie de imaginación emocional que te ayuda a sentir lo que experimenta otra gente. **Gracias a la empatía sintonizas con los demás para entenderlos mejor** y, si hace falta, para ayudarlos.

Seguramente, a veces te cuesta interpretar lo que siente otra persona, porque tus reacciones son distintas. Pero **tener empatía significa también respetar los sentimientos de los demás**, incluso si no eres capaz de entenderlos del todo.

¡No todos sienten de la misma forma!

Lo que para ti es pan comido a otra persona le da mucho miedo; por ejemplo, levantar la mano en clase para responder una pregunta del profesor. ¡Y al revés!

Cuando quedas con tu mejor amigo para comer *pizza*, quizás tú estés supercontento, mientras que él se sienta al mismo tiempo contento y decepcionado, porque tal vez la *pizza* no lleva esos champiñones que le encantan y que ha estado esperando toda la semana.

Cuando te encierras con tus emociones, te aíslas de otra gente. Sin mencionar que, en soledad, los problemas y las dificultades parecen mucho más grandes... **Es normal que a veces necesites ayuda. Al pedirla, demuestras inteligencia. ¡En serio!**

Los científicos insisten en que esconder las emociones no es sano. ¡Ellas también tienen que abandonar el cuerpo por algún lado! Echa un vistazo a algunos métodos que te pueden resultar útiles para expresar las emociones.

Para ayudarte, puedes, por ejemplo:

1. Desahogarte llorando

Como ya sabes, se puede llorar de tristeza, de rabia o de frustración, pero también de emoción o de felicidad. ¿Y tú? ¿A veces lloras por algún otro motivo? Recuerda que **es algo totalmente normal**.

Desahogarte llorando suele hacer que te sientas más ligero y respires con más facilidad —observa tus sensaciones en el pecho—. No te extrañes: **¡llorar es una de las formas más naturales de expresar las emociones!**

¿Sabías que...?

Si pusieras tus lágrimas bajo el microscopio, verías que son muy distintas. ¡Hay lágrimas y lágrimas!

Las que humedecen el ojo tienen una estructura distinta de las que produce tu cuerpo cuando cortas una cebolla. Las relacionadas con las emociones tampoco son iguales... Además, no existe un solo tipo de «lágrimas emocionales»: cada uno tiene una proporción

diferente de hormonas, que funcionan como analgésicos.

¿Sabías que tus lágrimas tienen esta propiedad? ¡Son realmente mágicas!

Mi historia

Cuando sientas que necesitas llorar, no tengas vergüenza y llora. Yo también lloro a veces.

Marcos

Mi historia

Me gusta mucho llorar. No me avergüenzo de mis lágrimas, el llanto alivia la tristeza. Al desahogarme llorando, siento calma y me despejo.

Carlitos

Mi historia

Cuando era pequeño, siempre me decían que los niños no lloran. ¡Pero no es verdad! Las lágrimas aparecen cuando el cuerpo tiene que «descargar» las emociones, tanto las agradables —por ejemplo, después de haber ganado una competición— como las desagradables. Con el tiempo aprendí que forzarme a reprimir las ganas de llorar es es como si me congelara por dentro y me pongo rígido, pero si me doy permiso para llorar, después me siento como si hubiera descargado un camión —o sea, mi cuerpo— y hubiera liberado espacio para nuevas experiencias. ¡Uff!

Biel

2. Desahogarte gritando

Nota aclaratoria: **No a los demás** —creo que a nadie le gusta que le griten—.

Por suerte, hay otro método: **¡gritar en una almohada!** Puedes darlo todo: la almohada absorberá parte de los sonidos. Esta «maniobra» ayuda cuando llevas dentro mucha rabia o si te sientes perdido o impotente porque no puedes hacer nada. Por supuesto, son solo algunos ejemplos. ¡Probablemente haya tantos motivos para gritar como personas!

Mi historia

El año pasado fue difícil para mí. Estaba incómodo, triste y también malhumorado. A menudo me sentía impotente. Encima, mi abuelo estaba muy enfermo.

En algún momento me di cuenta de que hacer deporte y llorar no bastaba para descargar la frustración. No sabía manejar las emociones que me estaban desbordando y, por primera vez desde hacía mucho tiempo, grité en una almohada. ¡Fue una experiencia muy curiosa!

Me alegro de haberlo hecho en vez de pagarlo con los demás. A veces un solo método no basta, a veces no funciona ninguno y a veces hay que aplicarlos todos para encontrar un poco de calma.

Miguel

Mi historia

Cuando era niño y sentía rabia o ira, me resultaba difícil gritar —¡aunque me apetecía!—.
Ahora ya me doy permiso para gritar.
Sigue siendo difícil para mí, pero lo estoy aprendiendo.

Carlitos

3. Desahogarte cantando

Es parecido a gritar: también empleas los pulmones, la garganta y el diafragma. Puedes cantar canciones llenas de rabia, de alegría o de tristeza. ¡Dalo todo! Imagínate que estás en un escenario y, simplemente, canta la música que llevas dentro.

Tampoco es mala idea cantar con los demás: tu familia, tus amigos o tu equipo.

4. Desahogarte escribiendo

Cualquier cosa que sientas apúntala. Descríbela palabra por palabra o transfórmala en un poema, un cuento o una canción. Deja volar tu imaginación.

5. Moverte

Las emociones como la rabia o la alegría se pueden desahogar corriendo, bailando e incluso saltando. ¡Sirve cualquier tipo de actividad física que te ayude a liberar la energía acumulada! Ve comprobando qué es lo que mejor te funciona. Puedes ir a la piscina, dar patadas a un balón, participar en un partido de baloncesto o jugar con tu perro en el patio. **Lo más importante: ¡muévete!**

Puede que te atraigan los deportes de combate o las artes marciales. ¡Para practicarlos, no necesitas un curso de *jiu-jitsu* o karate! Puedes pelearte —de forma pacífica— contra tus padres, tus hermanos o tus amigos. Empieza por un ejercicio fácil: quién moverá a quién empujando. O una persona sujeta a la otra y esta tiene que liberarse. Si es demasiado para ti, prueba algo muy básico: echa un pulso.

Los deportes de combate enseñan, por un lado, a controlar tu fuerza y tu rabia, y, por el otro, a respetar al rival.

Bailar es otra forma fácil de moverte. También ayuda a expresar muchas emociones: ¡es como cantar, pero con todo el cuerpo! A través del baile, puedes mostrar no solo la tristeza o la alegría, sino también la ira, el miedo o la autoconfianza.

Si te apetece, ponte un par de canciones, cada una de un género musical diferente —por ejemplo, *rock*, *trap* y *funk*— y simplemente sigue su ritmo. Puedes balancearte al compás de una melodía suave o moverte de manera frenética como en un concierto de *heavy metal*.

6. Desahogarte sacudiéndote

Otro método de domar las emociones: ¡sacúdete! Como un perro salido del agua. ¿Te acuerdas? Lo has leído en la sección sobre nuestros antepasados y el mecanismo *HLP*. **Agita los brazos, las caderas, los pies, la cabeza, ¡lo que quieras!** Fíjate en cómo lo hacen los perros. Cuando termines, observa cómo te sientes.

7. Pintar y dibujar

Solo necesitas una hoja de papel y algo para escribir. Algunas veces tendrás ganas de dibujar un contorno, otras te apetecerá utilizar un color determinado.

No tienes que crear nada en concreto: pueden ser garabatos o figuras básicas. ¡Cualquier cosa sirve! **Déjate guiar por tu mano, que dibuje todo lo que quiera.**

8. Detenerte

Al principio de este capítulo has leído que las emociones y los sentimientos son como el agua. Imagínate que estás sentado en la orilla de un río observando su velocidad, su fuerza, sus ondas… Del mismo modo, puedes observar tus estados emocionales.

Cuando notes algo, dite a ti mismo —en voz alta o mentalmente—: «Ahora siento tristeza. Es fuerte y fluye con mucha velocidad». Puede que al cabo de un rato la tristeza haya disminuido y aminorado el ritmo.

Buena idea: junta este ejercicio con el de respirar conscientemente —sí, el de la espiración de soplar un diente de león—.

¿Sabías que...?

La palabra *emoción* llegó al castellano a través del verbo francés *émouvoir*, 'emocionarse', que provenía del latín —idioma hablado en la antigua Roma—, donde *emovere* significa literalmente 'mover hacia fuera'. ¡Y es lo que son las emociones! Unas reacciones internas que salen de nosotros para poder existir en el mundo. Por eso es tan importante expresarlas.

Te estás conociendo a ti mismo, te haces más mayor y más maduro. Sin embargo, todavía necesitas apoyo de los adultos y ayuda para entender y expresar tus emociones. Todos hemos pasado por ello: como mamíferos gregarios, ¡aprendemos mucho los unos de los otros!

CAPÍTULO 3

¿Qué es la pubertad?

La pubertad es un tiempo de muchos cambios en tu casa —es decir, en tu cuerpo—. Todo ello para ir convirtiéndote de niño en adulto. ¡Estás emprendiendo un gran viaje a lo desconocido! **En este capítulo encontrarás un mapa y consejos de supervivencia que te ayudarán en esta expedición.**

Este momento de la vida se conoce también como *adolescencia inicial o temprana*, o incluso *pubescencia* —pero eso ya es un término muy formal—. En esta etapa atraviesas muchos cambios físicos: creces, tu voz se vuelve distinta, ves pelos en sitios donde antes no los había, tus genitales cambian…

El pene y el escroto son los genitales

En lugar de «pene», puedes decir también «miembro». ¿O utilizas algún otro nombre? Lo más importante es que la palabra que uses te guste a ti.

En los niños, la pubertad **suele empezar entre los nueve y los catorce años** —en las niñas, entre los ocho y los trece—, **y dura de cuatro a cinco años**. Pero recuerda que cada uno crece a su propio ritmo, el mejor para él.

¿Sabías que...?

En los seres humanos, la pubertad dura mucho más que en los perros o los gatos. Es porque… ¡tenemos cerebros grandes que necesitan mucho tiempo para formarse!

Echa un vistazo al mapa orientativo del viaje. Para algunas personas, los cambios marcados empiezan antes; para otras, más tarde. No hay que preocuparse. **¡Tu cuerpo es inteligente y sabe lo que hace!**

Mapa del viaje

9-10 años

Ola de las hormonas
¡Se están acercando! Ahí están: llegan un montón de hormonas, también las sexuales. Encabezadas por la hormona estrella: ¡la testosterona!

9-10 años

¡Crecen los testículos!

Es la primera fase de la pubertad. Tus testículos crecen y, junto con ellos, el pene y el escroto: la bolsita protectora de piel que guarda los testículos.

9-12 años

Pelos nuevos

Alrededor del pene y del escroto aparecen pelos nuevos. Se llaman *vello púbico*.

13-14 años

Salto vertical

Ahora estás creciendo realmente rápido, hasta 9,5 cm al año. ¡No es raro que la ropa se te quede pequeña constantemente!

14-15 años

Cambios vocales

La laringe y los pliegues vocales —escondidos en la garganta— empiezan a aumentar y tu voz cambia: a veces es más grave; a veces, más aguda. Este fenómeno se llama *muda vocal*. Suele durar unos meses y después la voz se vuelve estable.

14-15 años

¡Al grano!

Aparecen los granos. ¡No perdonan a nadie!

Ahora vamos a recorrer paso a paso cada etapa, para que sepas qué te espera. **¿Listo? ¡Vamos!**

14-15 AÑOS

¡AL GRANO!

OLA DE LAS HORMONAS

9-10 AÑOS

MAPA DEL VIAJE

¡CRECEN LOS TESTÍCULOS!

CAPÍTULO 4

¿Qué cambia?

La pubertad empieza en silencio: con un pequeño cambio dentro de tu cabeza. Se despierta la glándula pituitaria, escondida en el cerebro, y se pone a segregar hormonas.

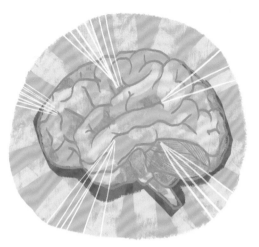

Las hormonas son sustancias que actúan como mensajeros. Viajan junto con la sangre por todo tu cuerpo y mandan mensajes a diferentes órganos y sistemas para comunicarles qué hacer —o qué no hacer—. Cuando tienes nueve o diez años, las hormonas llevan información desde el cerebro hacia los testículos —leerás más sobre ellos en el capítulo 6— y anuncian: «¡Es hora de arrancar la producción de las hormonas sexuales!». Los testículos obedecen y empiezan a fabricar, entre otras, la testosterona, que se ocupará de iniciar otros procesos.

¡Así comienza la pubertad!

Testosterona: la estrella de las hormonas

En gran medida, es ella la que dirige tu transformación de niño a adulto: **es responsable del desarrollo y crecimiento de los músculos, de la laringe, y también del pene y de los testículos.** La misma testosterona alienta a crecer a tu pelo, tanto el del rostro como el vello púbico.

La testosterona no solo influye en los cambios físicos, sino que también afecta a tu estado de ánimo. Los científicos todavía no están seguros de en qué medida provoca los ataques de ira típicos en los adolescentes, pero los cambios de humor que se experimentan en la pubertad se suelen atribuir a lo que ocurre en el cerebro durante ese periodo.

Además de testículos, la testosterona la producen también las glándulas suprarrenales: dos estructuras pequeñas situadas encima de tus riñones.

¿Testosterona solo para los chicos?

¡No! Los cuerpos de las chicas —de las mujeres en general— también producen testosterona. Del mismo modo, los cuerpos de los chicos «contienen» progesterona y estrógeno, que son las hormonas sexuales responsables de la pubertad de las chicas.

¿Sabías que...?

Cuando entras en la pubertad, en tu cuerpo caben unos tres litros de sangre. Pero, al final de este periodo, ¡habrá cinco, o incluso seis litros! Porque así es como se desplazan las hormonas: por la sangre.

Tampoco es que las hormonas aparezcan en tu cuerpo solo cuando entras en la pubertad. Están allí todo el tiempo —¡desde que naciste!— para regular diferentes procesos; por ejemplo:

- La melatonina se encarga del sueño.
- La vasopresina regula la presión sanguínea.
- La oxitocina ayuda a encariñarse con la gente, ¡en serio!

¿Cuándo entraré en la pubertad?

Es difícil determinarlo con exactitud —el martes por la tarde, por ejemplo—, pero puedes hablarlo con tu padre y preguntarle **cuándo comenzó para él. ¡Es muy probable que entres en la pubertad a una edad parecida a la suya!**

Todo crece

Las piernas, los brazos, la cabeza, pero también el corazón, los intestinos… ¡Incluso la nariz! Está cambiando todo tu cuerpo: por fuera y por dentro. En general, en primer lugar, suelen crecer los pies y las manos; te vas a dar cuenta porque empezarán a apretarte todos los zapatos… Tus brazos, tus piernas y tu torso comenzarán a alargarse. Los médicos llaman a esta etapa *estirón puberal*. Puedes crecer realmente rápido, o quizás lo hagas más lentamente.

Cada uno atraviesa la pubertad de forma un poco distinta y cambia a su ritmo: unos crecen dando estirones, y otros, poco a poco. Es algo totalmente normal. **Tu cuerpo es inteligente y sabe lo que hace.**

Mi historia

Recuerdo que, en la época en la que necesitaba zapatillas nuevas cada dos por tres, cada compra suponía para mí un acontecimiento importante: no dejaba que mis padres tiraran la caja, las zapatillas «dormían» al lado de mi cama, me gustaba el olor a nuevo y, al principio, hacía todo lo posible para no ensuciarlas; por ejemplo, me prometía que no iba a jugar con ellas al fútbol. ¡No duraba mucho tiempo! Siempre surgía alguna oportunidad para jugar justo cuando yo llevaba mis zapatillas nuevas.

Manu

A tu propio ritmo

Algunos empiezan la pubertad más pronto; otros, más tarde. No hay un solo «método» de crecer que se ajuste perfectamente a todos.

Mi historia

Cuando volví al colegio después de las vacaciones, acababa de cumplir doce años y resultó que casi todos los de mi clase habían crecido. ¡Incluso algunas chicas eran una cabeza más altas que yo! Me sentía raro y avergonzado, porque pensaba que todos se estaban convirtiendo en adultos y solo yo seguía siendo un niño... Pero, un año más tarde, alcancé la altura de la mayoría de mis compañeros.

Si crees que algo va mal contigo porque los chicos de tu clase ya tienen vello en el escroto o porque a la mitad de ellos les ha cambiado la voz y a ti todavía no, no te preocupes. Simplemente, algunos de nosotros necesitamos un poco más de tiempo.

Biel

Más corto y más largo

Puede ocurrir que los brazos y las piernas recién crecidos se te enreden un poco. ¡No te pasa solo a ti! Simplemente, tienes que acostumbrarte a tener extremidades más largas y aprender de nuevo a manejarlas. Tienes todo el derecho a trastabillar y a tener problemas de coordinación —cuidado con los escritorios y los pupitres, es muy fácil tropezar con ellos—. **Con el tiempo, domarás tu nuevo cuerpo.**

¿Sabías que...?

Durante la pubertad, los huesos no solo se alargan, sino que también… ¡se juntan!
Al nacer, estás formado por unos trescientos huesos y, al final de la pubertad, te quedarán solo 206. Tranquilo, ¡nadie te los ha robado! Simplemente, algunos de ellos se han unido en un hueso más grande.

Nuevas formas

Durante la pubertad se transforma también la forma de tu cuerpo. Puedes ver, por ejemplo, que se te han ensanchado los hombros y el pecho o que tus músculos se notan más. Por supuesto, no hay ninguna regla: cada uno es diferente.

¡Importante! No hay un solo «modelo» de cómo debe ser un chico o un hombre. Cada persona es única, al igual que su cuerpo.

Sobre ser hombre

Se puede ser hombre de muchas maneras. En general, una persona nace con pene y testículos, y después siente fuertemente que es niño. Pero a veces no es así.

Hay personas que se sienten niños aunque nacen con útero y vagina. Decimos que son niños transgénero.

A veces, los niños y las niñas nacen con órganos genitales que no se pueden describir como típicos masculinos o femeninos. Son personas intersexuales. Por supuesto, si se sienten niños, lo son.

Algunas personas, independientemente de los órganos genitales que tengan, no se sienten plenamente mujeres ni hombres. Son personas no binarias. A una parte de ellas les pueden ocurrir los cambios descritos en este libro.

¿Para qué necesitan pezones los chicos?

¡Buena pregunta!

Antes de nacer, en una etapa de desarrollo muy temprana, el feto no tiene sexo: se está formando para ser niña o niño*; leerás más sobre este tema en el capítulo 5. Así que podríamos decir que desarrolla los pezones «por si acaso». Eso significa que tus pezones aparecieron antes de que tu código genético determinara que fueras niño —pero ahora ya lo sabe—.

Si el feto se forma para ser niña, durante la pubertad empiezan a ocurrir cambios en los pezones, que se preparan para la producción de leche materna y para la lactancia.

———

*Puede ocurrir que el feto se desarrolle hacia una persona intersexual, que tiene órganos genitales que no se describen como típicos masculinos o femeninos.

¿Me puede crecer el pecho?

Aunque tu programa mamario no se active, es posible que durante la pubertad la zona de tus pezones se hinche y se abulte un poco. **Es algo totalmente normal y suele desaparecer después de unos meses.** El término médico para este fenómeno es *ginecomastia*. La provocan los cambios hormonales que dirigen toda la pubertad.

Peso

Tu cuerpo se transforma: es normal que estés subiendo de peso. Se te alargan los huesos, que ya de por sí pesan bastante —el hueso más pesado del cuerpo humano es el fémur—, y te crecen los músculos, que con el tiempo también empiezan a pesar más.

Tu cuerpo hace un enorme esfuerzo y necesita combustible: comida. No es raro que en esta fase de la pubertad tengas hambre todo el rato. No importa que acabes de comer: ¡ahora necesitas comer mucho!

Leerás más sobre la dieta en el capítulo 9.

Mi historia

Cuando tenía diez años, estaba bastante gordo, mi cabeza me parecía cuadrada y me avergonzaba de mi pecho. Aunque hacía deporte —me encantaba correr y competir—, las clases de Educación Física me resultaban estresantes, porque la mayoría de mis compañeros eran más delgados que yo.

Esta imagen se quedó conmigo por mucho tiempo, y desarrollé mis complejos durante varios años. Hoy sé que haberme comparado con los demás no era sano: ¡los cambios en mi cuerpo eran algo natural!

Miguel

Atención: nueva fuerza

Si experimentas un rápido desarrollo de músculos, puede sorprenderte tu propia fuerza. Las pelotas que lanzas o a las que das una patada vuelan con más velocidad y más lejos, y los inocentes codazos que pegas a tus amigos de repente les duelen… Observa cómo cambia tu tacto, comprueba qué les parece bien a los demás y qué les resulta desagradable. **¡Esta nueva fuerza es un gran don, pero hay que aprender a manejarla!**

Mi historia

Recuerda que es fuerte aquel que ayuda al más débil y no quien lo acosa. Siempre es mejor ofrecer una mano de ayuda que poner la zancadilla.

Marcos

Estrías

Puede pasar que, cuando pegues un estirón, tu piel no sea capaz de seguirte el ritmo. Después de todo, ¡tiene que estirarse con bastante rapidez para dar cabida a todo tu cuerpo de adolescente! Entonces, en las caderas, las nalgas, los muslos y también la espalda aparecen a veces unos estampados claros o de color rosa. Son las estrías, es decir, las zonas en las que la piel ha tenido que tensarse y casi se ha abierto. Se pueden formar también después de un cambio brusco de peso o de unos entrenamientos intensos. Las estrías las tienen tanto los hombres como las mujeres.

Rasgos del rostro

Tu rostro también cambia. La nariz crece, la frente se hace más amplia, y la barbilla y la mandíbula, más marcadas. **Toda tu cara se transforma despacito y empieza a ser más adulta.**

Pelos nuevos

En la pubertad, verás en tu cuerpo más pelos nuevos: en las axilas, en las ingles —las partes del cuerpo entre los muslos y el vientre— y en la zona de los genitales. Y, más tarde, puede que también en el pecho, el vientre, la espalda… ¡y en las nalgas! Además, el vello en las piernas y en los brazos se vuelve más tupido y más oscuro.

Como siempre, no hay ninguna regla. No hay dos chicos u hombres iguales, porque la cantidad y la distribución de los pelos es cosa de cada uno.

¡Es natural que seamos distintos!

Algunos hombres tienen vello en todo el pecho y otros lo tienen liso, o les crecen solo unos mechones. Probablemente tú tengas una cantidad de vello similar a la de tu padre.

Mi historia

¡La aparición de nuevos pelos era para mí un gran acontecimiento! No siempre agradable… Cuando me salió el primer pelo en el pubis, me asusté. ¡Pensé que algo iba mal! No hablaba sobre esos cambios con mi familia, y aún me acuerdo de aquel único pelo negro que de repente me apareció debajo del vientre.

Por suerte, no tardé en enterarme de que era algo normal, y a partir de entonces estaba orgulloso de cada nuevo pelo: sentía que me hacía hombre, incluso deseaba tener más y más. Sobre todo, me importaban los de la cara, que consideraba un símbolo de la adultez, y quería tener bigote y barba cuanto antes aunque fuera solo para poder afeitarme.

Pero mi cuerpo tenía un plan diferente y tuve que esperar más tiempo que muchos de mis amigos para tener mi primer afeitado serio.

Manu

Bigote y barba

Los pelos nuevos te crecerán también en la cara, normalmente a los doce o los trece años. Primero saldrán sobre el labio superior y a los lados. Después de algún tiempo, pueden oscurecerse, se harán más gruesos y empezarán a cubrir todo el labio superior. Este cambio suele durar dos o tres años, pero a veces ocurre más rápido. **La pubertad de cada uno transcurre de manera diferente. No hay una receta que se adapte a todos.** A continuación, te saldrán pelos en las mejillas, a ambos lados de la cara —las patillas— y en el mentón. Suelen crecer en mechones

y desiguales, pero poco a poco se van haciendo uniformes. **¡Cuidado! El color del bigote y la barba no es siempre igual que el del cabello.**

¿Afeitarme o no afeitarme? ¡Esa es tu decisión personal!

Algunos chicos sienten la necesidad de afeitarse los primeros pelillos y otros se los dejan. Si en algún momento quieres averiguar cómo es eso de afeitarse, pregúntale a alguien con experiencia: a tu padre, abuelo, hermano mayor, tío o primo. Te ayudarán a elegir los productos para el afeitado y te enseñarán la técnica.

Sudoración

La pubertad implica **sudar más**. Te sudarán más que nunca las axilas, las ingles y la entrepierna. Es algo natural y uno puede acostumbrarse a ello.

Además, tu sudor olerá diferente: será más perceptible para los demás. Este olor es consecuencia de la degradación del sudor que causan las bacterias que viven en la superficie de la piel —pero tranquilo, esas bacterias deben estar ahí—. Así funciona el cuerpo de un adolescente —¡y de un adulto!—. Para evitar el tufillo, **recuerda ducharte cada día y aplicar un antitranspirante** en las axilas. En las ingles sudadas no se aplica ningún cosmético: es suficiente con lavarse y cambiarse de ropa interior a diario.

Tu piel está llena de **glándulas**: pequeñas estructuras que fabrican distintas sustancias; por ejemplo, las lágrimas, el sudor o el sebo. Algunas glándulas se activan durante la pubertad, como las glándulas sebáceas.

Las glándulas sudoríparas son unos pequeños tubitos por los que el sudor sale a la superficie de la piel. Están repartidas por todo el cuerpo, pero se concentran sobre todo en los pies, las manos y la cabeza.

El antitranspirante es un cosmético que se aplica en las axilas para limitar la secreción de sudor. Escoge el que más te guste o mira cuál usa tu persona adulta de referencia. Recuerda que siempre puedes pedir a una persona de confianza que te ayude a elegir el producto más adecuado para ti.

El sudor también es una señal de cómo estás.
Sudas cuando corres o tienes calor, pero también cuando estás asustado, enfadado, emocionado o nervioso —los pies y las manos pueden sudarte por estrés—.

A veces, tu sudor está frío y no siempre tiene el mismo olor. Observa cómo reaccionas en distintas situaciones: es una información valiosa sobre ti y tu estado de ánimo.

Mi historia

Cuando comencé a sudar mucho, empecé a fijarme en las telas de las que estaba hecha mi ropa. Descubrí que con algunos tejidos mi cuerpo se sentía cómodo, mientras que con otros sudaba más de lo normal. Así que cada día elegía la ropa que me hacía sentirme lo más cómodo posible.

Miguel

Sebo, granos y todo lo demás

El sebo es una especie de aceite **cuya función es proteger e hidratar la piel** para que esté blanda y no se agriete. Cuando entras en la pubertad, tu organismo todavía está aprendiendo a regular la producción del sebo y a veces lo fabrica en exceso; por eso tu cuero cabelludo se engrasa con más facilidad y tu pelo se vuelve más brillante y más graso. **Es importante lavarte el pelo a menudo: cada dos días o incluso cada día.**

A veces el sebo tapa los poros, pequeños agujeritos en la piel que le permiten respirar, lo que provoca la aparición de los granos. Es un elemento típico —y odiado— de la pubertad. Los granos suelen salir en la cara, pero les gustan también la espalda y los hombros. Normalmente, basta con no tocarlos, lavar estas zonas con un jabón suave y tener paciencia. Sin embargo, si tienes muchos granos o son dolorosos, deberías ver a un médico especialista en la piel: a un dermatólogo o una dermatóloga.

Por desgracia, a los granos les gusta volver, ¡también en el caso de los adultos!

Un par de granos le pueden salir a cualquiera, de vez en cuando.

Recuerda: las manchas rojizas y los granos son algo normal. A veces es difícil dejar de pensar en ellos, sobre todo cuando duelen y molestan. Pero, al mirarte, tus amigos no ven los granos. Ven a una persona que les cae bien.

Piel contra sol

Tengas o no tengas acné, tu piel necesita una protección permanente contra la radiación solar. Seguramente te has dado cuenta de que, al estar expuesto al sol durante más tiempo, tu piel cambia: se enrojece o se oscurece y las pecas se hacen más marcadas —o aparecen algunas nuevas—. Es porque **tu cuerpo intenta protegerte de la radiación ultravioleta** (UV), y con este fin produce en más cantidad un pigmento llamado *melanina*, que funciona como un escudo.

Al penetrar en la piel, la radiación UV puede causar enfermedades, entre ellas, el cáncer. ¡Por eso incluso la extraordinaria melanina necesita tu apoyo! Así que no te olvides de utilizar cremas con filtro solar. Para que la crema funcione, aplícala a las partes descubiertas del cuerpo cada cuatro horas. **¡Póntela también en la nuca, las orejas y los pies!** Usa la crema incluso en invierno, sobre todo un día soleado con nieve.

La muda: los cambios vocales

Los cambios de la pubertad también afectan a tu garganta y, más precisamente, a la laringe y los pliegues vocales que esconde. Por eso durante algún tiempo —normalmente, unos meses— tu voz puede trabarse o saltar de timbres graves a agudos y al revés. Esa fase de variaciones y cambios de la voz se llama *muda vocal*: puedes imaginarte que tu voz muda, o sea, se transforma en otra. **Ten paciencia: tus instrumentos vocales simplemente intentan ubicarse en esta nueva realidad.**

Además, la zona de tu laringe aumenta y empieza a sobresalir del cuello. Este bultito es la prominencia laríngea, llamada popularmente *nuez*. Las chicas y las mujeres también la tienen, pero menos prominente.

Algunos chicos apenas se dan cuenta del cambio de voz. Otros tardan en acostumbrarse a los timbres graves y agudos. Como siempre, en la pubertad, no hay una sola regla que se aplique a todos.

Coloca un dedo en la garganta y di: «Oooooooo». ¿Notas una vibración? Son los pliegues vocales. ¡Es de ahí de donde sale tu voz!

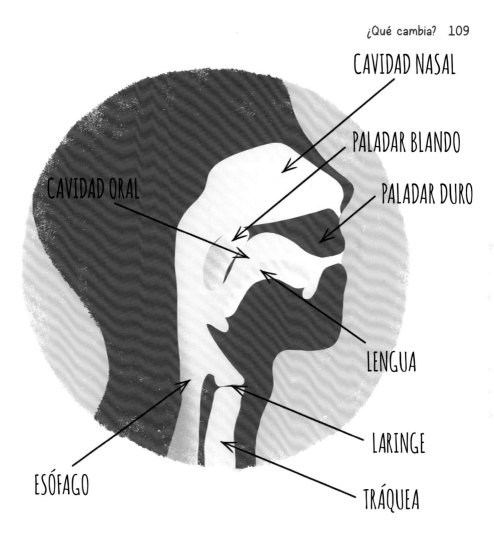

CAVIDAD NASAL

PALADAR BLANDO

PALADAR DURO

CAVIDAD ORAL

LENGUA

LARINGE

ESÓFAGO

TRÁQUEA

¿Qué hacer cuando se te traba la voz?

Sobre todo: respira. Si te has puesto nervioso, intenta relajarte con la espiración de soplar un diente de león. Después carraspea y... ¡simplemente prueba a hablar otra vez!

Mi historia

Cuando contestaba al teléfono o al interfono, la gente pensaba que hablaba con una niña, porque mi voz era tan aguda... Lo pasaba mal, me daba vergüenza abrir la boca, incluso cuando estaba con mi familia o con amigos. Aun así, no recuerdo ningún periodo en el que mi voz estuviera cambiando a la adulta. Creo que fue un largo proceso de cambios y ni siquiera me di cuenta de que había terminado.

Miguel

¿A qué médico?

Cuando algo en tu cuerpo o en tu salud te preocupe, primero díselo a un adulto de confianza. **El médico para las personas menores de catorce años es el pediatra.** Sin embargo, si no quieres ir al doctor o a la doctora que te han tratado desde niño, díselo a tus padres para que busquéis juntos

a alguien con quien te sientas cómodo. Si hace falta, el pediatra te remitirá a un médico especialista. Por ejemplo, a un andrólogo, que se ocupa de examinar y tratar los trastornos del aparato reproductor masculino.

Algunos trámites

Según la legislación española, hasta que tengas dieciséis años, tus padres o tus tutores legales tienen que consentir todas tus consultas médicas. Si tienes cumplidos catorce años, puedes tener acceso a tu historia clínica sin consentimiento de tus padres o tutores.

tu cuerpo por debajo del ombligo

¿Listo? **¡Emprendamos nuestra misión de investigación *cuerpopositiva*[1]!** Vamos a mirar de cerca tus órganos genitales. ¿Suena serio? Se trata simplemente de tu pene y sus alrededores.

1. *Cuerpopositivo/a*: Relativo al movimiento social *body positivity*, que defiende la aceptación de todos los cuerpos sin importar su aspecto.

En las siguientes páginas, te espera mucho vocabulario e información que serán nuevos para ti. **¡No tienes que leerlo todo de golpe!** Puedes empezar por mirar los dibujos y leer fragmentos que te llamen la atención. Algunos datos relacionados con el cuerpo pueden parecer complicados y extraños: date tiempo.

¿Listo? Empecemos por la reina de las ciencias del cuerpo humano: la anatomía.
¡Saber sobre el cuerpo es poder!

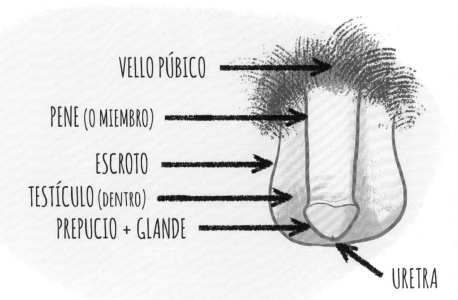

VELLO PÚBICO

PENE (O MIEMBRO)

ESCROTO

TESTÍCULO (DENTRO)

PREPUCIO + GLANDE

URETRA

Órganos genitales externos

Pene: también llamado *miembro*. Está formado por un tejido similar a una esponja, que se endurece cuando el pene se llena de sangre —es la erección—. Tranquilo: ¡eso no significa que vayas a sangrar!

Glande: la cabeza del pene. Suele ser muy sensible al tacto, por eso está cubierta por el prepucio.

Prepucio: la «capucha» de piel que protege el glande del pene.

Escroto: la bolsita protectora de piel en la que están los testículos. El escroto está fuera y por eso puede mantener los testículos a una temperatura 3 o 4 °C por debajo de la del resto del cuerpo. Es importante para los espermatozoides que habitan los testículos, ya que necesitan un ambiente más fresco.

Meato (abertura) uretral: por aquí haces pis y por aquí sale el semen.

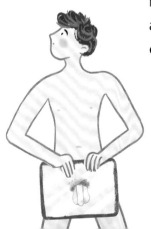

Órganos genitales internos

Testículos: dos órganos de forma ovalada guardados en el escroto. Durante la pubertad, los testículos empiezan a producir espermatozoides. Leerás más sobre este tema en el capítulo 6.

Epidídimos: cubren los testículos. Es aquí donde maduran los espermatozoides.

Vesículas seminales: dos órganos que se parecen a unas peras pequeñas. Fabrican un líquido rico en nutrientes cuya función

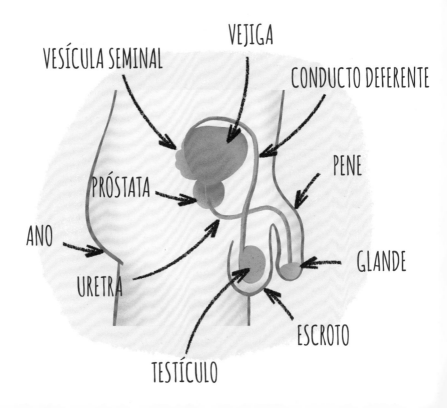

es, literalmente, ¡poner en marcha a los espermatozoides!

Conductos deferentes: dos largos tubos que transportan los espermatozoides desde los testículos hasta la uretra.

Próstata: la glándula de tamaño de una nuez escondida en el fondo de la pelvis. Fabrica un líquido especial que protege y nutre a los espermatozoides.

Uretra: el conducto que recorre todo el pene. Por aquí pasan la orina y el semen.

Vejiga: aquí se acumula la orina antes de abandonar el cuerpo.

Ano: por aquí haces caca.

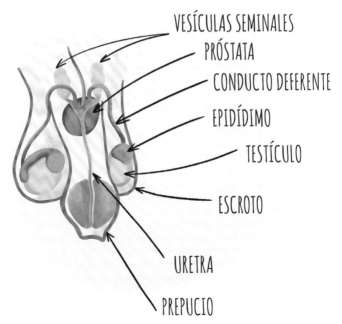

VESÍCULAS SEMINALES
PRÓSTATA
CONDUCTO DEFERENTE
EPIDÍDIMO
TESTÍCULO
ESCROTO
URETRA
PREPUCIO

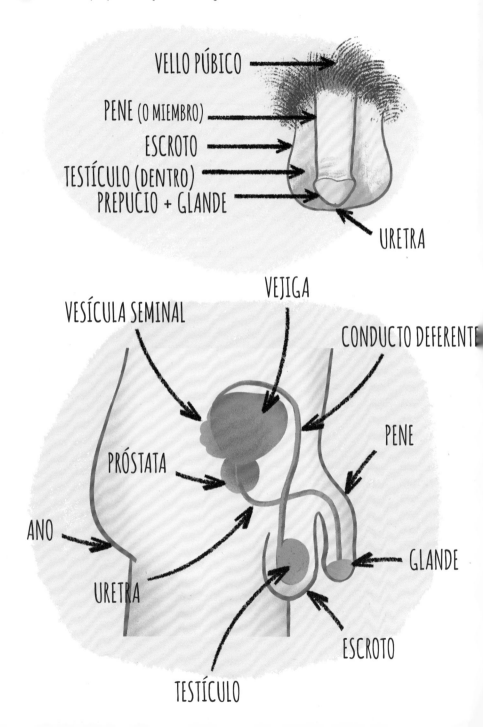

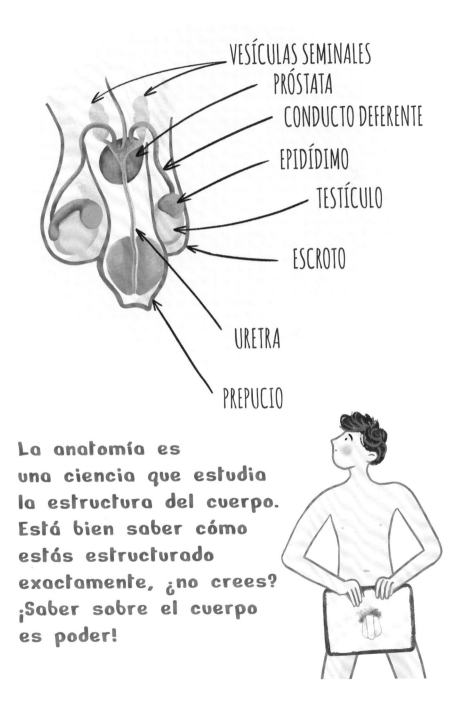

VESÍCULAS SEMINALES
PRÓSTATA
CONDUCTO DEFERENTE
EPIDÍDIMO
TESTÍCULO
ESCROTO
URETRA
PREPUCIO

La anatomía es
una ciencia que estudia
la estructura del cuerpo.
Está bien saber cómo
estás estructurado
exactamente, ¿no crees?
¡Saber sobre el cuerpo
es poder!

Tu cuerpo es maravilloso. ¡Y es solo tuyo!

Recuerda que nadie tiene derecho a tocarte sin tu permiso: ni las partes íntimas —pene, nalgas, escroto—, ni tan siquiera el dedo del pie, si no lo deseas.

A veces, cuidar de tu salud requiere el contacto físico con otros y que te toquen. Pero también entonces tienes derecho a ser informado de lo que te espera.

¡Relájate al hacer caca!

¡En serio! A menudo nos enseñan que hay que empujar para hacer caca. Pero **tu cuerpo será más feliz si te relajas** —por ejemplo, respirando hacia el estómago— y dejas que la gravedad haga lo suyo.

Para estar más cómodo, colócate debajo de los pies un pequeño taburete, por ejemplo el que hace poco usabas para llegar al lavabo.

En esta posición, tu cuerpo lo tendrá más fácil. Gracias al taburete, te pondrás en una postura similar a en cuclillas, que hasta hace nada **era la forma más utilizada de hacer caca**, pues los cavernícolas no tenían baños… Y esa posición es también mucho más sana que estar sencillamente sentado en el retrete. Lo único, recuerda no pasarte allí horas y horas.

¿Qué es la fertilidad?

Ser fértil significa tener la posibilidad de crear a una nueva persona. Es un superpoder que se consigue al superar las distintas etapas de la pubertad.

La vida de cada persona empieza por la unión del óvulo con la célula sexual masculina, es decir, el espermatozoide. Los óvulos se guardan en los ovarios de la mujer, y los espermatozoides, en los testículos del hombre. **Es como unir dos piezas de un puzle que encajan perfectamente.**

El óvulo y el espermatozoide se unen o por técnicas de reproducción asistida o cuando la mujer y el hombre tienen una relación sexual —es una expresión muy formal, pero se dice también hacer el amor, tener sexo o acostarse con alguien—, o sea, cuando la mujer recibe el pene en su vagina.

También hacen el amor hombres con hombres y mujeres con mujeres. Sin embargo, para crear una nueva vida siempre hacen falta estas dos piezas del puzle: el espermatozoide y el óvulo.

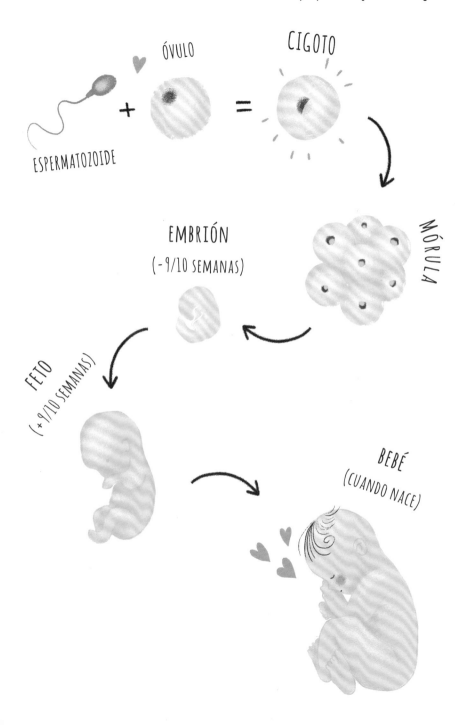

ÓVULO

CIGOTO

ESPERMATOZOIDE

MÓRULA

EMBRIÓN
(-9/10 SEMANAS)

FETO
(+9/10 SEMANAS)

BEBÉ
(CUANDO NACE)

Para que dos personas quieran estar tan cerca la una de la otra, tienen que atraerse —¡como el metal al imán y el imán al metal!— con suficiente fuerza como para tener ganas de acariciarse y besarse, ya que estar juntos así puede darles mucho placer. Cuando el pene eyacula dentro de la vagina, del pequeño orificio en su punta salen millones de espermatozoides y acceden al interior del cuerpo de la mujer. **¡Tú también surgiste así del cuerpo de tus padres!**

La pareja puede utilizar los anticonceptivos para evitar ser padres, así como para evitar posibles enfermedades de transmisión sexual. Si no ha usado ningún anticonceptivo, es posible que uno de los espermatozoides se una con el óvulo maduro; el óvulo será fecundado y se acomodará en el útero dentro del vientre de la mujer.

En los próximos meses, del óvulo fecundado se desarrollará el feto y, después, el niño.

A veces cuesta quedarse embarazada. Por suerte, el óvulo y el espermatozoide pueden unirse no solo durante el acto sexual. Gracias a la ciencia, a los médicos y a las médicas, es posible sacar el óvulo del cuerpo y colocarlo en un recipiente especial para que se junte allí con el espermatozoide. Si se produce la fecundación, se vuelve a depositar el óvulo en el útero y así comienza el embarazo. Este tipo de fecundación se llama *in vitro*.

También se pueden depositar los espermatozoides a través de una jeringa directamente en la vagina o el útero: es la inseminación artificial. A esta solución suelen recurrir las personas que o tienen pocos espermatozoides o los tienen demasiado débiles para recorrer todo el camino hacia el óvulo.

Al cabo de unos nueve meses —a veces menos— el embarazo termina en el momento del parto y nace el niño. El parto puede ser natural: entonces el niño abandona el cuerpo de la madre a través de la vagina, normalmente con la cabeza hacia delante. Sin embargo, a veces un parto natural es imposible y hace falta una cirugía: los médicos hacen un corte en el vientre de la madre y sacan al niño. Esta cirugía se llama *cesárea*.

CAPÍTULO 6

Cambios en los órganos genitales

La pubertad trae cambios en todo el cuerpo, también en tus órganos genitales, es decir, los testículos y el pene. ¡En este capítulo vas a aprender todavía más cosas sobre ellos, para que nada te sorprenda!

Testículos y escroto

El crecimiento de los testículos es una señal inequívoca de la llegada de la pubertad. Cuando comienza, tus testículos tienen el tamaño de dos uvas pequeñas y, cuando acaba, de dos nueces —con cáscara—. Mientras se producen estos cambios, tus testículos pueden ser más sensibles, así que trátalos con cuidado.

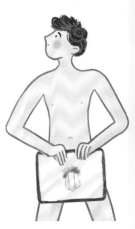

Como ya sabes por el capítulo sobre la anatomía, **los testículos están situados en el escroto**. Este también tiene que crecer: su piel se volverá más gruesa, un poco arrugada y algo más oscura, dependiendo del color de tu piel.

¿Sabías que...?

El escroto puede reducir su tamaño y estirarse: cuando hace calor, la piel se dilata, y, cuando hace frío, se encoge y sube a los espermatozoides más cerca del cuerpo para calentarlos.

A menudo, los testículos se encuentran a diferente altura: uno más abajo, otro más arriba. Es para que no choquen entre sí, por ejemplo, al correr.
Ingenioso, ¿verdad?

Espermatozoides

Si recuerdas el capítulo 4, hemos visto que las hormonas que salen de la glándula pituitaria con la orden de producir más hormonas —las sexuales— se dirigen hacia los testículos. La testosterona manda a los testículos crecer y producir espermatozoides.

¡SOMOS UN EQUIPO!

Los espermatozoides son pequeñas células —las más pequeñas del cuerpo humano— que, vistas con un microscopio, se parecen a renacuajos. Si un espermatozoide se une con un óvulo, pueden convertirse en un niño, pero eso ya lo viste en el capítulo 5.

Sobre los espermatozoides

La formación de un espermatozoide dura unos dos meses. Cada día, en los testículos, se producen varios millones de espermatozoides. **A partir del comienzo de la pubertad, los testículos producen nuevos espermatozoides sin parar.** ¡Hasta la muerte!

Semen

También llamado *esperma*. Es la mezcla de espermatozoides y un líquido especial. Los espermatozoides salen de los testículos con el semen, atraviesan los conductos deferentes y el interior del pene, y salen fuera cuando se eyacula.

Pene

Durante la pubertad, crecerá toda la zona de tus genitales —pene y escroto—, **y también puede que se oscurezca.** Además, tu pene empezará a actuar de forma… distinta. ¡Pero vayamos paso a paso!

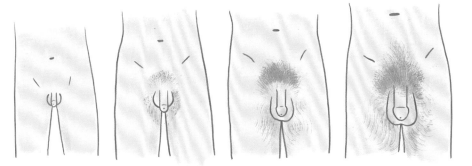

¿Hasta cuándo crece el pene?

El miembro puede crecer incluso hasta los veinte años. Se alarga y se ensancha a su ritmo, propio de cada persona. Pero, por supuesto, no crece tan rápido como el cabello, ¡y menos mal!, porque, si no, al final de la pubertad, se te haría difícil caminar.

¿Cada uno tiene un pene diferente?

¡Sí! Los penes son diferentes: más pequeños y más grandes, más gruesos y más finos. Algunos se curvan hacia la izquierda, otros a la derecha y otros son rectos. Es algo totalmente natural.

¿El tamaño del pene importa?

No. Cada pene es exactamente como debería ser.

¿Qué son esos puntos en el pene?

Los pequeños granitos en el pene son glándulas sebáceas y sudoríparas. ¡Sí, ahí también están! Y los puntos en el escroto y los muslos son folículos pilosos, de los que pronto empezará a crecer el vello púbico. Ya te habrás dado cuenta de que su aparición es un signo típico de la pubertad.

Si algo te preocupa o te duele, díselo a tus padres o a tus tutores legales. Podéis ir juntos al médico para comprobar si todo está bien.

¿Calzoncillos tipo bóxer o slip?

Puede que, al entrar en la pubertad, sientas la necesidad de elegir tú solo tu ropa interior. Los calzoncillos *slip* se pegan más al cuerpo y los calzoncillos bóxer son más holgados y mejores para la salud de los testículos, porque no los aprietan ni calientan. Elige los calzoncillos que te parezcan más cómodos. O puedes llevar a veces unos y veces otros. ¡Lo más importante es tu comodidad!

¿Cómo mantener la higiene del pene?

El esmegma —¡no confundir con el magma!— es una secreción blanquecina producida por pequeñas glándulas situadas debajo del glande. El esmegma fresco es blanco, pero con el paso de los días se vuelve amarillo y, después, verde. Los cambios de color van acompañados de un olor desagradable. Para evitarlo, basta con lavarte bien el pene: estirando hacia atrás el prepucio y enjuagando el glande con el agua. ¡Listo!

¡SUPERIMPORTANTE!

¡Recuerda lavarte las manos después de hacer pis!
Y, en general, cada vez que vayas al baño.

Prepucio

Algunos grupos religiosos, como los musulmanes o los judíos, practican la circuncisión. Es una cirugía que consiste en quitar el prepucio del pene del niño pequeño y se realiza por motivos religiosos; es decir, como ritual que forma parte de la tradición de la fe.

Algunos países no recomiendan quitar el prepucio a los menores; otros —por ejemplo, Eslovaquia— lo prohíben expresamente. Sobre todo, porque es una intromisión grave en el cuerpo de una persona, y es ella la que debería tomar esta decisión cuando sea mayor de edad.

Los penes se pueden circuncidar en cualquier momento de la vida.

A veces el prepucio es demasiado estrecho y no se puede retraer para descubrir el glande. Es una anomalía llamada *fimosis*. Se puede resolver mediante una intervención quirúrgica sencilla. Si observas algo parecido en tu caso, indícaselo a uno de tus padres o a tu tutor legal para que vayáis juntos al médico.

Vello púbico

La pubertad significa más pelos. ¡Y también más vello púbico! Es el pelo que crece alrededor de la zona genital: del pene y del escroto. Primero aparece en el sitio donde el pene se junta con el bajo vientre —suele ocurrir más o menos a los doce años—. Después los pelos se volverán más gruesos y más rígidos. ¡Y encima rizados! **Su color puede ser igual al del cabello o muy diferente: más oscuro o más claro.**

Una de las características del pelo es que mantiene el olor del sudor durante más tiempo, así que recuerda ducharte cada día, sobre todo en la pubertad, pero también después. ¡Ya verás lo bien que te va a sentar! No necesitas ningún cosmético especial: es suficiente con lavarte con un jabón suave.

VELLO PÚBICO

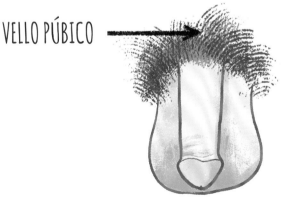

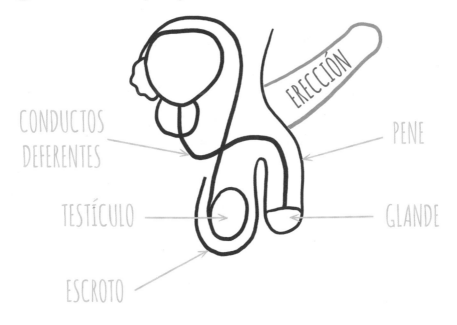

ERECCIÓN

CONDUCTOS
DEFERENTES

PENE

TESTÍCULO

GLANDE

ESCROTO

Erección

Estás en la pubertad, tu pene cambia y vas a tener más erecciones. **Quiere decir que, de vez en cuando, tu miembro va a agrandarse, endurecerse y levantarse.** Eso pasa cuando se llena con sangre, a veces sin motivo específico y a veces en respuesta a un pensamiento, al tacto o a la foto de la de persona que te atrae —¡es por eso por lo que el pene reacciona!—. Puede que no siempre entiendas qué ha provocado la erección exactamente; no es nada raro. ¡Empiezas a conocerte y simplemente necesitas tiempo para aprender sobre ti mismo!

¿Sabías que...?

La erección no está causada por ningún hueso. El pene se endurece y se levanta con la llegada de sangre gracias a su ingeniosa estructura.

La duración de las erecciones varía mucho: cuántas más tengas, más fácil será predecir cuánto tiempo pueden durar y qué las provoca.

Mi historia

Cuando era niño, no sabía por qué mi pene a veces era pequeño y a veces grande. Se lo pregunté a mi padre y me explicó qué es una erección.

Aunque no lo entendí del todo, cuando era un poco más mayor y tenía erecciones más a menudo, no me preocupaba tanto —aunque a veces me daba vergüenza: por ejemplo, cuando estaba andando por la calle y mi pene crecía sin motivo— porque sabía que les pasaba a todos los chicos. A los chicos adultos también.

Biel

Erección en un lugar público

Una erección inesperada en la escuela u otro lugar público puede ser embarazosa. Es una cosa bastante íntima, que no siempre quieres compartir con los demás. Por suerte, hay algunos métodos para ocultar la erección cuando aparece en un momento indeseado:

- **Intenta pensar en otra cosa.** Mejor piensa en el libro que has leído últimamente o en lo rica que estaba la comida. Cuando te centres en otra cosa, la erección se irá yendo.
- **Lleva pantalones más anchos**, te será más fácil ocultar la erección.
- **Tápate**, por ejemplo, con la mochila o con el jersey.
- Si te es posible, **recoloca discretamente tu pene** apretándolo con el elástico de los calzoncillos. Así se notará menos bajo la ropa.

Erección matutina

Un montón de chicos y hombres tiene una erección nada más despertarse. ¡Te sorprendería saber cuántos! Esta erección suele bajar sola después de unos minutos.

¿Sabías que...?

Los espermatozoides salen expulsados del pene a través de la uretra, pero gracias a un esfínter especial es imposible orinar al eyacular —¡y al revés!—. Ingenioso, ¿no crees?

Eyaculación

Es la expulsión de una porción de semen —cabría en una cucharilla—, normalmente al masturbarse o al tener relaciones sexuales con otra persona. También puede ser consecuencia de una polución nocturna. Suele ir acompañada de un orgasmo, es decir, una sensación muy intensa de placer.

La eyaculación es posible gracias a las contracciones de los músculos que permiten bombear el semen a través de la uretra.

Poluciones nocturnas

Son eyaculaciones durante el sueño. Comienzan en la pubertad y después van desapareciendo poco a poco. ¡Sin embargo, algunos hombres adultos también las experimentan! **Es un método natural que emplea el cuerpo para eliminar el exceso de espermatozoides**; a veces las poluciones nocturnas van acompañadas de sueños eróticos.

¿Sabías que...?

¡No todas las erecciones acaban con una eyaculación!
Una porción de semen contiene de 150 a 500 millones de espermatozoides.

Primera polución nocturna

Es un acontecimiento importante: ¡ocurre solo una vez! ¿Tal vez se merece una pequeña celebración? Este momento especial indica que tus testículos han empezado a producir espermatozoides. Significa que a partir de ahora eres fértil y en el futuro, si tomas esa decisión, podrás tener hijos.

Después de la polución nocturna, tu pijama y tu cama seguramente estarán mojados. No te preocupes. Simplemente date una ducha y cambia la ropa y las sábanas. Puedes guardar al lado de la cama unos clínex o papel higiénico para limpiar el semen antes de que se seque.

Descubrirte a ti mismo

Las poluciones nocturnas, las erecciones y las sensaciones que despiertan pueden hacer que empieces a tocarte el pene para sentir placer. ¡Es algo natural cuando estás descubriendo cómo es y cómo funciona tu cuerpo!

Tocarte el pene y los genitales es algo íntimo, por eso no se hace en público. Asegúrate de que estás solo y nadie te va a molestar. **Es importante que te sientas cómodo y seguro.** Trátate con delicadeza y recuerda tener las manos limpias.

¿Sabías que...?

Tocarte los órganos genitales para darte placer es masturbarte. ¡Pero también se usan otras palabras! Algunos chicos lo llaman *hacerse una paja*, otros hablan simplemente de *tocarse*. Hay quienes prefieren los términos *autocomplacerse* o *autoestimularse*. ¡Tú usa la palabra que quieras! ¿Por qué no te inventas una para ti?

Mi historia

En mi casa nunca se hablaba de la madurez sexual ni de la masturbación. A veces mis padres bromeaban, diciendo, por ejemplo: «¡Las manos encima de la sábana!», o comentaban que me pasaba demasiado tiempo en la ducha. Recuerdo que no me hacían gracia estas indirectas... Más que nada, me sentía avergonzado.

Ahora sé que tenía y tengo derecho a la intimidad y a entrar en contacto con mi cuerpo de la manera que me apetezca.

Carlitos

Educación sexual

Durante la pubertad seguramente querrás saber más sobre las relaciones sexuales. ¡Es una sana señal de curiosidad natural! **Lo mejor es hablarlo con tus padres o algún adulto de confianza.** Puede que tengas en casa algún libro que trate el tema de la educación sexual: así podréis comentar juntos lo que habéis leído.

Sobre el sexo en Internet

En Internet es fácil perderse entre la información falsa y el material erótico llamado *pornografía* o *porno*: ¡y están muy alejados de la realidad! Pueden darte una imagen equivocada del sexo.

Las películas e imágenes pornográficas no son ni buenas ni malas. Pero hay que tener cuidado al escogerlas y mantener una mirada crítica.

Es muy importante que obtengas información de fuentes fidedignas, sobre todo ahora, cuando tu maravilloso cerebro se está desarrollando y todo lo que aprenda se quedará contigo durante mucho tiempo. ¡Mejor despierta tu imaginación!

CAPÍTULO 7

¿Cómo te ves a ti mismo (y a otros)?

Cada uno de nosotros tiene sobre la nariz unas **«gafas invisibles»** a través de las cuales se mira a sí mismo, al mundo y a otra gente. Estas gafas están hechas de **una mezcla de diferentes factores**: qué ves a tu alrededor, dónde vives, a qué escuela vas, qué dicen de ti y cómo se comportan contigo los demás.

¿Estás listo para mirar de cerca tus gafas? ¡Allá vamos!

La imagen de lo que estás mirando se crea en tu cerebro. Los ojos solo le aportan datos. Compruébalo tú mismo: estira la mano derecha, saca el dedo índice y míralo, cerrando alternativamente el ojo derecho e izquierdo. Dependiendo del ojo con el que mires, ves el dedo un poco diferente, ¿verdad? Tu cerebro junta la información proveniente de los dos ojos y crea la imagen de lo que estás viendo. ¡Pero eso no es todo! **Tus pensamientos, tus sentimientos y los conocimientos que hayas adquirido** influyen también en qué ves y cómo.

Ejemplo 1

Imagínate que te encantan los dálmatas. ¿O quizás no hace falta que te lo imagines? Son hermosos y, además, muy inteligentes. Sabes bastante sobre ellos. A tu amigo también le gustan, pero su tío —al que admira mucho— le ha machacado con que «los dálmatas son tontos». Cuando os cruzáis con un dálmata durante un paseo, tú saltas de alegría y corres para preguntar si puedes acariciarlo, y tu amigo se queda parado mirándolo con desconfianza. Se ve que no está convencido y espera que el dálmata haga alguna tontería. Animas a tu amigo a que se acerque; cuando el perro le da la pata, tu amigo se pone supercontento. Después te dice: «Creo que mi tío no tenía razón».

Ejemplo 2

A tu amiga le gustan los ratones. Tiene dos en casa, lee mucho sobre el tema, se ve que le apasionan. Tú, en cambio, no eres muy fan de los ratones. Piensas: «Quizás no estarían tan mal, si no fuera por la cola». Cuando miráis juntos las fotos de ratoncitos pequeños, tu amiga está muy entusiasmada y tú haces una mueca de disgusto. Simplemente, no te gusta ver ratones.

Aunque tus amigos y tú estáis mirando lo mismo, veis algo un poco distinto. Es normal: sois diferentes y cada uno de vosotros percibe el mundo a través de sus propias gafas invisibles.

Estructura de las gafas

Tus gafas están construidas de varias capas: de tu sensibilidad, tu amor hacia ti mismo y hacia otra gente, tus aficiones y un millón de otras cosas que vas asimilando y que tu incansable cerebro ordena y criba mientras tú duermes plácidamente.

La mayoría de los animales necesita un modelo que seguir. Los ositos aprenden de sus madres a cazar y a luchar. Contigo es parecido: no paras de absorber información nueva procedente de la gente a tu alrededor, sobre todo de tus padres o tus tutores. Aprendes a comportarte y a expresar emociones —¡es un arte difícil!—, conoces palabras nuevas, obtienes información sobre el mundo... **Eres como un osito pequeño** que lo observa todo con atención: a los adultos de tu familia, a otros niños, incluso a los personajes de películas, series, fábulas y libros. Al entrar en la pubertad, quizás te preguntes qué tipo de hombre quieres ser y empieces a mirar más atentamente a los hombres de tu entorno.

Todo ello está formando tus gafas invisibles. Te sirven para comprobar si te ajustas a las imágenes que ves a tu alrededor.

Interferencias en la imagen

Puede que a nuestras gafas se les pegue algún polvillo que nuble la visión y hasta distorsione la imagen. Esos polvillos son, por ejemplo, los estereotipos —las simplificaciones— y las generalizaciones.

Acuérdate del comentario sobre «los dálmatas tontos». ¿Podría ser que el tío de aquel amigo solo haya conocido un dálmata, que no era muy inteligente, y llegó a la conclusión de que todos eran así? ¿O puede que escuchara esta opinión de alguien y se la creyera sin reflexionar? Es difícil saberlo. Sin embargo, algo hizo que empezara a pensar mal sobre todos los dálmatas. ¡Qué lástima! Por desgracia, **unos polvillos así impiden ver a la otra persona en su totalidad**.

Tal vez te has dado cuenta de que a veces los adultos dicen que algunas cosas son solo para chicos y otras solo para chicas —si no lo has oído nunca, ¡genial!—. Por ejemplo: el color rosa es para niñas, y el azul, para niños; a las clases de *ballet* van solo chicas, a los entrenamientos de fútbol solo chicos… **Seguramente ya sabes que son divisiones artificiales y falsas.** Determinar lo que puede y no puede hacer una persona dependiendo de su sexo es un ejemplo de estereotipo. Mirar a los demás a través de los estereotipos te impide conocerlos de verdad, y a ellos, mostrarte quiénes son realmente.

Otro tipo de **polvillo** es la creencia o la opinión —¡pero no un hecho!— de que la gente que pertenece a un grupo determinado tiene que hacer algo, que algo les está prohibido o que todos comparten una característica: son todos tontos, inteligentes o graciosos; tienen un buen sentido de orientación; saben hacer pasteles, etc. Piénsalo un poco y te darás cuenta de que… ¡algo no cuadra! No se puede decir «todos los chicos…» o «todas las chicas…» —ni siquiera «todas las *pizzas*…»— sin mentir. **Cada persona es única, tiene diferentes talentos y aficiones.**

¡Los chicos pueden amar a quien quieran!

A los chicos les pueden gustar las chicas (lo llamamos *heterosexualidad*) u otros chicos (decimos entonces que la persona es homosexual o gay). Incluso pueden gustarles ambos sexos (en este caso son bisexuales). También puede ser que no se sientan atraídos por nadie (eso se llama *ser asexual*). Cada una de estas opciones es normal.

Durante la pubertad puedes no saber todavía con quién te gustaría intimar. Está bien. Lo descubrirás en su debido momento.

Los chicos —¡si les apetece!— pueden llevar camisetas rosas, practicar *ballet* y dejarse crecer el pelo, igual que las chicas pueden llevar ropa azul, jugar al fútbol y llevar el pelo corto. Y sí, la gente puede tener diferentes opiniones al respecto, pero son solo sus opiniones: sus gafas invisibles. **Lo más importante es seguir tu corazón.**

Mi historia

Todos somos diferentes. Cada uno tiene sus propias aficiones y necesidades. ¡Es algo totalmente normal! Recuerdo que empecé a apasionarme por la música bastante pronto. Todo el rato canturreaba mis canciones favoritas, poniendo caras y metiéndome en el papel como si fuera cantante. Algunas veces me «pillaron» haciéndolo: alguien se rio, alguien indicó que lo vivía demasiado. Entonces me dolió, pero con el tiempo comprendí que apasionarme por la música era una de mis actividades favoritas, y sigo comportándome de este modo hasta ahora. Así soy y esta es mi forma de comunicarle al mundo que algo me gusta. Me estoy muy agradecido a mí mismo por el hecho de que las opiniones de los demás no me hicieran renunciar a esta parte de mí.

Teo

Rastrea estereotipos

Tú mismo puedes buscar estereotipos a tu alrededor. Donde más se ven es en las películas, series y fábulas. Durante muchos años, el típico protagonista masculino era fuerte y seguro de sí mismo, ocultaba sus emociones y lo hacía todo él solo. No solía tener un círculo de amigos íntimos… Era como un vaquero solitario que cabalgaba por la meseta y luchaba contra los bandidos. Si lo piensas bien, es una vida muy difícil.

Como seres humanos
nos necesitamos los unos
a los otros: para hablar, jugar,
compartir las tristezas
y las alegrías. ¡Además,
en grupo somos más fuertes
y podemos conseguir mucho
más que por nuestra propia
cuenta!

Mi historia

Siempre tenía más amigas que amigos. Simplemente, me resultaba más fácil relacionarme con las chicas. Me gustaba jugar a las tiendas y a las casas, incluso a ser un bailarín de *ballet*. A veces, otros chicos se burlaban de mí. Me dolía, pero sentía que lo que de verdad me gustaba era este tipo de juegos y de relaciones.

Aún hoy no me gusta jugar al fútbol. Como adulto, me realizo como artista: toco música, escribo, canto y pinto. Me siento un hombre al cien por cien. Lo más importante para mí es poder hacer lo que amo y rodearme de personas que me aceptan y hacen que me sienta seguro.

Carlitos

La creencia de que los hombres no hablan sobre las emociones —entonces, probablemente no las tengan— es un estereotipo en toda regla. O, en otras palabras: un bulo, o sea, un gran disparate. **Sí, los chicos y los hombres experimentan toda la gama de emociones y necesitan compartirlas.** Pueden ser fuertes y decididos, y, al mismo tiempo, cariñosos y sensibles, tener un corazón abierto a los demás. ¡Una cosa no excluye la otra!

Reflexiona: ¿Qué hombres y chicos sueles ver en las series, películas y redes sociales? ¿Sabes describir cómo se comportan? ¿Cómo son físicamente? ¿Hueles aquí algún estereotipo? Puedes comentarlo con alguien en casa. ¡Convertíos juntos en rastreadores de estereotipos!

Apunta tus observaciones:

. . . .

. . . .

. . . .

. . . .

. . . .

. . . .

. . . .

. . . .

. . . .

. . . .

. . . .

. . . .

. . . .

. . . .

¿Qué es la imagen corporal?

La imagen corporal son los pensamientos y los sentimientos que tienes sobre tu propio cuerpo y tu propio aspecto. Es la parte de las «gafas invisibles» a través de la cual te miras a ti mismo. Cuando piensas cosas buenas sobre ti y te sientes bien en tu propia piel, tu imagen corporal es positiva. Pero, cuando tu cabeza se llena de pensamientos críticos sobre ti, la imagen es negativa. **La imagen corporal va cambiando a lo largo de la vida.**

Ruidos que empeoran la imagen corporal

Una de las cosas que afectan de manera negativa a tu imagen corporal es compararte con los demás, sobre todo con la gente que solo «conoces» de Internet. Puede que pienses que deberías parecerte a un *youtuber*, *tiktoker* o deportista, ¡pero **cada chico es diferente**! Y exactamente así debe ser.

No existe un solo molde al que se adapten todos.

Los chicos pueden ser bajos, altos o de mediana estatura, más redondos o más delgados. Pueden tener más o menos músculos, el pelo largo o corto. ¡Y eso está bien!

¿Cómo construir una imagen corporal positiva?

En otras palabras: la positividad corporal en práctica

Aprecia todo lo que puede hacer tu cuerpo y la alegría que te proporciona

De vez en cuando, vuelve a los apuntes que redactaste al principio del libro. Si lo necesitas, haz más listas. Tu cuerpo es fantástico y es él el que te lleva a través de la vida. Intenta no olvidarlo.

Cultiva tus pasiones y haz lo que amas

Da igual si es programar aplicaciones, recitar poesía o lo uno y lo otro. ¡Prueba diferentes cosas y busca lo que más te guste! Las personas que se sienten buenas en algo tienen mayor autoestima y, gracias a ello, una imagen corporal más positiva.

Háblate a ti mismo con cariño

Construye el hábito de decirte cosas bonitas: «Lo he hecho bien», «Me ha salido un dibujo bonito», «Me queda bien esta ropa». ¿Y si algo te sale mal? Di por ejemplo: «Ahora no lo he conseguido, pero pensaré en cómo hacerlo y la próxima vez podré con ello». También puedes elogiar y admirar tu cuerpo.

¡Muévete todo lo que puedas!

El deporte y la alegría de moverte te permitirán apreciar tu cuerpo y sus capacidades. ¡Eso también es positividad corporal! Leerás más sobre este tema en el capítulo 9.

Supervisa la vergüenza

Cuando sientas que algo relacionado con el aspecto de tu cuerpo te provoca vergüenza, regístralo. O mejor aún: cuéntaselo a alguien de confianza. **Como a la vergüenza le gusta el silencio, hablar sobre ella va a «pincharla», como una aguja a un globo.** Ya verás que, al hablarlo con alguien cercano, la vergüenza disminuirá y dejará de molestarte.

Ten cuidado con compararte con los demás

Si te das cuenta de que lo haces, intenta dirigir la atención a otra cosa. Apaga el móvil y ponte a dibujar o habla con alguien en casa. Lee un libro o escucha tu canción favorita, ¡una alegre! Después puedes hacer un pequeño ejercicio: **busca algo que ya se te dé bien.**

Observa con cuidado

Ten cuidado al elegir a quién sigues en las redes sociales. Si ves que las fotos o los vídeos publicados por alguien hacen que te sientas mal, deja de seguirlo. Y comprueba si entonces te sientes mejor.

Recuerda que siempre puedes elegir a quién observas y sigues. ¡Escoge a aquellas personas que te hagan sentir bien contigo mismo!

Reparte cumplidos

¡Diles cosas bonitas a tus amigos y amigas! Halágalos: «Eres muy lista», «Lo que has dicho ha sido muy inteligente». **Y a veces basta solo con un «Me alegro de verte».**

¡Recuerda que está bien estar satisfecho con tu cuerpo y tu aspecto!

Gustarse a uno mismo no tiene nada de malo, ¡es positivo y sienta bien!

CAPÍTULO 8

¡Hazte más fuerte!

Cuando entras en la pubertad, cambian muchas cosas. ¡También a tu alrededor! **Este capítulo es una pequeña guía de cómo encontrarte en esta nueva realidad.** Cuando sientas que algo te supera, no te quedes solo con ello. Es importante que busques ayuda.

Es posible que la gente empiece a tratarte de forma un poco distinta. Muchas personas pueden sentir la necesidad de comentar los cambios en tu aspecto o de decirte cómo deberías ser. Sus palabras pueden halagarte o ayudarte, pero también pueden resultarte incómodas. **Recuerda: estos comentarios no te desacreditan a ti, sino a las personas que los hacen.** Puede que no sepan cómo comportarse y, sobre todo, que no entiendan que las palabras pueden herir.

Siempre tienes derecho a no tolerar el trato que no te gusta y decirlo en voz alta.

¡La buena noticia es que es una habilidad que se puede practicar! Y vale la pena hacerlo: de este modo cuidas de ti mismo y señalas a los demás que tienes límites que no se pueden cruzar. **A la vez, aprendes que a otros les pasa lo mismo: a ellos tampoco les gusta sentirse incómodos. Todos tienen sus sentimientos y sus límites.**

Observa los ejemplos de abajo

La tía de Diego comenta su aspecto:

—¡Nuestro Dieguito se está convirtiendo en hombre! Mirad esa pelusilla debajo de la nariz. Vamos, Dieguito, ¿hay alguna chica que te guste?

Diego no tiene ganas de tener esta conversación. Tiene catorce años, no se siente hombre y el bigotillo le da un poco de vergüenza. Hay alguien que le gusta, pero no le apetece contárselo a su tía. Puede contestar:

—Tía, gracias por preguntar, pero es un asunto íntimo. No quiero hablar sobre ello.

Mi historia

Cuando era más joven, los adultos a menudo me preguntaban si tenía novia o si me gustaba alguna chica. Lo hacían en broma, pero a mí me incomodaban sus preguntas, porque no quería compartir esta información con personas aleatorias ni con familiares lejanos. No sabía qué contestar, así que solía quedarme callado hasta que me dejaran en paz. Ahora comprendo que hay asuntos que pueden permanecer íntimos, y no hay nada malo en no querer compartirlos con todo el mundo —siempre que sea mi propia decisión y que nadie me obligue a nada—.

Teo

A Toni le inoportuna un chico antipático:

No es el momento de dar explicaciones o pelearse. Toni debería priorizar su seguridad y alejarse lo más rápido posible.

Juan ha tenido un hermanito:

Se lo cuenta a un amigo y de repente se echa a llorar. Juan tiene miedo de que sus padres se olviden de él, pero se alegra de tener un hermano. Está agobiado por todo lo que está pasando y lo que está por cambiar. El amigo le dice:

—¿Pero por qué lloras?

—No sé, pero lo necesito.

***

Cada situación es diferente. Pregúntate qué sientes en distintos momentos y confía en tus sentimientos: son ellos los que te indican qué es bueno para ti y qué no.

***

Es sumamente importante que sepas detenerte y preguntarte qué has sentido en una situación concreta. Incluso puedes decirte: **«Lo que me pasó no estuvo bien. No fue solo una impresión mía. Tengo derecho a sentirme triste, enfadado o herido».** Esto se aplica a los comentarios o comportamientos de personas tanto cercanas como desconocidas. **Confía en ti y en lo que sientes.**

Mi historia

Me acuerdo de la siguiente situación: iba por la calle, se me acercaron tres chicos mayores y me preguntaron con una voz normal si tenía cincuenta céntimos. No me pareció inquietante. Cuando saqué el dinero que llevaba en el bolsillo, uno me sujetó el brazo con fuerza y otro me quitó todo lo que tenía. Después me soltaron y se fueron. Recuerdo cómo me asusté, cómo me latía el corazón y cómo después me daba vergüenza contar esta historia, porque no me defendí ni protesté...

Ahora me alegro de que, cuando era niño, no intentase pelearme con tres adolescentes. Y, aunque hicieron algo malo, al fin y al cabo solo perdí unas monedas. Pero entendí que a veces lo más razonable es huir.

Manu

No verdades que quizás oigas

A veces, de la boca de otras personas —también adultas— salen diferentes afirmaciones sobre el hecho de ser chico y hombre, sobre lo que te conviene y lo que no puedes hacer. **Lo que dice la gente a tu alrededor no siempre es verdad.**

Por ejemplo, **la afirmación de que «los niños no lloran» es un disparate** —leerás más sobre estas no verdades en el capítulo siguiente—. Los niños, como todos los seres humanos, tienen glándulas lacrimales, emociones y necesidades. Y con eso basta para poder llorar, sollozar o gemir lo que uno quiera. **El llanto es una parte natural de la vida de cada persona; ¡ha llegado el momento de decirlo en alto!**

Mi historia

Acaba de terminar la Eurocopa 2020. Italia ha ganado a Inglaterra en la final. Después del partido, muchos de los jugadores de los dos equipos se abrazan y lloran: unos de tristeza; otros, de alegría. Menos mal que nadie se les acerca diciendo: «Los chicos no lloran».

Recuerdo que, cuando era pequeño, nadie se sorprendía de que me alegrara o enfadara, pero la gente alrededor prefería que no llorara… Creo que a los adultos no les gusta que los niños lloren porque no saben cómo reaccionar: ¿abrazarlos, hablar con ellos o dejarlos en paz? Por eso, a menudo lloraba sin que nadie me viera.

Ahora que soy adulto, ya no me escondo para llorar y lo hago cada vez que me siento triste, feliz o emocionado. Al desahogarme llorando, siempre tengo la sensación de haberme sacado del cuerpo algo pesado, y me siento mucho mucho más ligero.

Manu

Otra frase repetida sin reflexionar es la siguiente: «¡Sé un hombre!». **¡Es un estereotipo dañino!** En nuestra cultura, durante al menos los últimos cientos de años, se consideraba que ser un hombre consistía en ocultar las emociones y abocarse a la acción. ¡Pero vivir sin expresar las emociones es durísimo y nos condena a la soledad! Los robots pueden funcionar sin emociones, pero no es un buen modo de ser un humano… ¡Por suerte, la forma de pensar de la gente está cambiando! **Tú sé el hombre que quieras: no hay una sola receta perfecta para todos.**

 ## Consejos de apoyo
Construye amistades y cuídalas

¡Es genial tener amigos y amigas! Las relaciones con otra gente pueden enseñarnos mucho y darnos apoyo: son como una red de seguridad invisible que nos sostiene cuando caemos; por ejemplo, cuando nos sentimos tristes. Rodéate de personas en las que puedas confiar y con las que puedas ser tú mismo: valen su precio en oro. Con el tiempo, esas relaciones pueden convertirse en verdaderas amistades.

Habla de lo que sientes

Si algo te preocupa, te da miedo o te pone triste —y la tristeza no parece tener fin—, no te guardes esos sentimientos. Compártelos con alguien de confianza, escríbelos en un diario o busca ayuda en la escuela.

Mi historia

No sabía que podía compartir las emociones y los sentimientos que eran difíciles para mí. Avergonzarme o estar abochornado sí, ¿pero hablar de ello abiertamente? Ahora no se me ocurre una mejor forma de apaciguar las tensiones internas que hablar con alguien que quiera escucharme, que no me juzgue, pero que, al mismo tiempo, sea capaz de decirme honestamente qué opina.

Miqui

116 111

Si no tienes a nadie que te dé
apoyo, llama al número gratuito
de la línea de ayuda a niños
y adolescentes:
en España es el 116 111,
pero puedes buscar fácilmente
el equivalente en tu país.

**Puedes llamar a cualquier hora,
siempre va a contestar alguien.**

Las llamadas son anónimas. Eso significa que no hace
falta decir cómo te llamas y que nadie va a compartir
ninguna información sobre ti.

✎ Buen movimiento

Tu cuerpo es genial y te permite hacer un montón de cosas, pero no es una máquina: necesita que lo trates con cariño. Al fin y al cabo, ¡tu cuerpo eres tú! Piensa en él como en un cachorro o un gatito cuyas necesidades quieres conocer para poder cuidarlo mejor. Por eso, al buscarte un deporte u otra forma de movimiento, piensa si DE VERDAD te gusta. Si es así, ¡adelante!

A algunos les gustan la competición y los deportes de equipo, mientras que para otros lo que cuenta es el mero hecho de hacer deporte. Todo es válido. Lo más importante es que te sientas bien durante el entrenamiento. No se trata de entrenar hasta el límite, sin hacer caso a tu cuerpo cuando te grite: «¡Ay! ¡Duele! ¡Ya basta, no puedo más!». **A veces, es más sensato retirarte y descansar que forzarte.**

🖊 Cuida tus emociones

Presta atención a tus estados emocionales y dedícales tiempo para entenderlos mejor —¡también a ti mismo!—. Los sentimientos ayudan a descubrir qué quieres y qué no. Expresarlos es imprescindible para no acumular tensión.

Recuerda que **en el capítulo 2 tienes una lista de métodos para afrontar un flujo de emociones**. Vuelve a ella cada vez que lo necesites.

CAPÍTULO 9

¿Cómo cuidarse durante la pubertad?

Durante este periodo de cambios intensos, más que nunca, necesitas cuidar de ti mismo y de tu cuerpo. **Ya hemos visto algunos trucos a lo largo del libro. ¡Y en este capítulo vas a conocer todavía más métodos!**

Escúchate a ti mismo y a tu cuerpo

A menudo les preguntamos a los demás cómo están. La misma pregunta puedes hacerte a ti mismo: ¿Cómo estoy hoy? La idea es escucharte atentamente para averiguar qué sientes, cuál es tu estado de ánimo o qué necesitas. La respuesta no siempre viene enseguida. Cuanto más te escuches, mejor te vas a conocer. ¡Busca las instrucciones en el capítulo 2!

Escaneo corporal

El escaneo corporal es un buen ejercicio para aprender a escucharte a ti mismo. No necesitas ningún aparato: solo hacéis falta tú y algún lugar tranquilo y agradable; por ejemplo, tu cama.

Puedes pedirle a una persona de confianza que te lea el texto a continuación. Túmbate, relájate y pon atención.

Túmbate bocarriba y «pregúntale» a cada parte de tu cuerpo cómo se siente en este momento. **Empieza por el pie izquierdo y**

recorre toda la pierna. Cuando llegues a las nalgas, retrocede y haz lo mismo con el pie y la pierna derechos. Después céntrate en las caderas, las nalgas y los genitales. De allí, pasa al bajo vientre, a la barriga y al pecho. Examina los brazos: empieza por el izquierdo y, cuando llegues al hombro, cambia al derecho. Siente los hombros y la nuca, y después el cuello y la cabeza. **Al final intenta sentir todo el cuerpo.**

Tras hacerle la pregunta a una parte de tu cuerpo, para, haz una pausa y escucha. Puede que sientas pulsaciones, hormigueo, calor, frío, alegría, tristeza… O absolutamente nada. Está bien: ¡al fin y al cabo, de vez en cuando, a todos nos apetece estar en silencio!

No te desanimes si el ejercicio no te sale de buenas a primeras. Cuanto más «entrenes», más vas a descubrir. Es conveniente escanear tu cuerpo con regularidad; por ejemplo, cada día antes de dormir. Gracias a ello vas a conocer aún mejor a tu cuerpo, es decir, ¡a ti mismo!

Puedes escuchar el escaneo corporal narrado por la autora en **www.editorialelpirata.com/pubertad-chicos-audio/**

Date tiempo para descansar y para relajarte

El reposo es un arte. Puede ser un paseo por el parque o por el bosque, el escaneo corporal del apartado anterior o jugar a algún juego, ¡preferentemente, no en el móvil ni en el ordenador! A veces es suficiente con mirar el cielo y observar las nubes. La idea es que busques las maneras de desconectar, relajarte y renovar energías que mejor te funcionen.

Si no se te ocurre nada, prueba la espiración de soplar un diente de león de la página 40.

Duerme y cuida tu sueño

El cuerpo necesita sueño para regenerarse, descansar y… crecer. ¡Sí, cuando duermes, la hormona del crecimiento está trabajando a tope! También tu sistema inmunitario —que te protege de las enfermedades— está activo durante el sueño, combatiendo todos los virus y bacterias sospechosos. ¡Literalmente, cuida de tu salud!

Ahora que estás creciendo, dedica diez horas al día a dormir, o incluso más.

Para cuidarte todavía mejor, intenta acostarte siempre a la misma hora —a tu cuerpo le gusta la rutina— y deja de usar el móvil, la tableta y el ordenador un par de horas antes de dormir. La luz de las pantallas —concretamente, la luz azul— tiene un efecto estimulante y puede hacer más difícil conciliar el sueño.

Si al despertarte recuerdas tus sueños, ¡apúntalos por mera curiosidad! ¿Puede que en el futuro los aproveches para crear alguna historia extraordinaria?

Abraza

El tacto es muy poderoso. Cuando abrazas a una persona cercana, tu corazón empieza a latir más lento y se tranquiliza, baja también el nivel de estrés. ¡Un abrazo amistoso es como un bálsamo!

Importante: abrazar a la fuerza no funciona. **Recuerda que nadie tiene derecho a abrazarte o a tocarte si no te apetece.** Y al revés: no puedes abrazar ni a tocar a una persona que no lo desea.

Empieza a escribir un diario

A veces es más fácil descifrar tus propios sentimientos y pensamientos cuando los pones por escrito. Al principio puede parecerte poco natural, o quizás te gusta de buenas a primeras. En tu diario puedes hacerlo todo: escribir, dibujar, pegar las fotos —quizás con ellas te sea más fácil expresar lo que sientes—.

No te preocupes solo

Las emociones y los sentimientos no paran de fluir por tu cuerpo. Puede resultarte difícil gestionarlos —incluso los adultos a veces no saben hacerlo—, sobre todo cuando algo te preocupa o llevas mucho tiempo triste. En ese caso, deberías hablar con alguien: un adulto de confianza, un amigo o una amiga. **Contarle a alguien cómo te sientes te ayudará a entender qué estás experimentando; ser escuchado es una forma de apoyo que no tiene precio: te ayuda a quitarte el peso de tu corazón y tu estómago.**

🖊 Cómete un arcoíris

¿Recuerdas el capítulo 1 de este libro? Te contaba que tu cuerpo es tu casa, donde durante la pubertad se llevan a cabo unas grandes obras de ampliación. Para ello se necesita material de construcción, o sea, comida. Sobre todo son importantes las sustancias que forman los huesos: el calcio y las proteínas. Las encontrarás, por ejemplo, en el queso, los huevos, las alubias o las almendras.

Cuanta más verdura y fruta comas, mejor. Podemos llamarlo comerse un arcoíris: fruta y verdura de diferentes colores. Intenta comer cada día, por ejemplo, una manzana (rojo), una ciruela (morado), un plátano (amarillo), espinacas (verde) y una zanahoria (naranja). ¡Por supuesto, eso no quiere decir que solo comas fruta y verdura! **La comida debe alimentarte, pero también ser un gran placer de cada día.** Puedes entrenar este hábito centrándote durante las comidas en el sabor, el olor y la textura de los platos.

Explora la naturaleza

Bosques, prados, jardines… ¡todos ellos son tus aliados! Estar en contacto con la naturaleza serena y activa los sentidos: oído, tacto, vista, olfato. De esta forma relajarás tu cerebro, que está trabajando sin tregua. Además, **en la naturaleza puedes encontrar una aventura a cada paso**: seguir las largas rutas por las que se desplazan las hormigas, observar el vuelo de las aves o mirar cómo se mueven las nubes. Cuanto más te sumerjas en la naturaleza, más percibirás y sentirás.

Busca tu forma de moverte

Fuimos creados para movernos: nadar, jugar al fútbol, bailar, montar en bici, correr, escalar, hacer yoga, patinar sobre hielo, montar a caballo… ¡Hay un sinfín de opciones! Seguro encontrarás una actividad que te guste. ¿O incluso varias? **No tienes por qué limitarte a una sola, ¡ve probando!**

Búscate tu rebaño

Busca a la gente con la que te sientas bien. Cuida estas relaciones y amistades: **escucha con atención a la otra persona, no desveles sus secretos, cumple tus promesas.**

✎ ¡Ríete! ¡Mucho!

La risa es una medicina genial: masajea la barriga, oxigena el cuerpo, relaja los músculos y mejora tu estado de ánimo. Por eso, **asegúrate de tener motivos para reírte**: pueden ser vídeos de gatitos o bromas que se cuenten en tu casa. Una risa compartida es una experiencia maravillosa.

Mi historia

Me gusta reír y hacer reír a los demás. Es mi forma de construir las relaciones y de mostrar cariño.

Carlitos

CAPÍTULO 10

¿Cuándo termina la pubertad?

Aunque en España la adultez arranca oficialmente en tu decimoctavo cumpleaños, en realidad es solo el inicio del camino hacia ser adulto y maduro. **En cierto sentido, estarás madurando toda la vida: conociendo el mundo y a otra gente, y adquiriendo conocimientos, sabiduría y seguridad en ti mismo.**

Habla con algún adulto cercano y pregúntale en qué momento sintió que era adulto. ¿Cómo reconoció que ya lo era? ¿Qué cambió? Si puedes, pregúntaselo tanto a tus padres como a tus abuelos, tíos y primos. Puedes aprender de ellos cosas interesantes y, de paso, ¡iniciar una conversación que te permita conocer mejor a gente que es importante para ti!

Recuerda: cada persona se
desarrolla de manera distinta
y crea su propio camino.
¡Tú tienes el tuyo!

Escribe aquí abajo con qué relacionas el hecho de ser una persona adulta o madura:

. . . .

. . . .

. . . .

. . . .

. . . .

. . . .

. . . .

. . . .

. . . .

. . . .

Apunta aquí las respuestas más interesantes de otras personas:

. . . .

. . . .

. . . .

. . . .

. . . .

. . . .

. . . .

. . . .

. . . .

. . . .

. . . .

De vez en cuando, vuelve a estos apuntes. Añade cosas nuevas que hayas descubierto. Tacha frases con las que ya no estés de acuerdo. Pasa a limpio, borra, cambia. ¡Lo que te dé la gana!

Camina por la vida con valentía y descubre todas sus dimensiones.

≈≈≈≈≈

¡Recorre tu propio camino!

≈≈≈≈≈

Mi historia

La pubertad me sorprendió. Otros me decían que estaba creciendo, pero yo no lo notaba. Hasta que un día —lo recuerdo muy bien—, al bañarme, me vi completamente distinto. Me quedé pasmado. ¿Cuándo había sucedido? ¡No había podido ocurrir en una sola noche! Y realmente veía las diferencias... Empecé a ordenar en mi cabeza las cosas que sabía sobre mí, esta vez uniéndolas en una imagen nueva. Me di cuenta de que estaba en la pubertad.

No estaba listo para aquellos cambios. No sabía identificarme con algunas de las informaciones que tenía sobre la pubertad. El tema se trataba solo en las clases de Biología, pero eran informaciones técnicas de un libro de texto. Nadie me lo explicó nunca a nivel más personal.

Aún hoy me irrita que a menudo los adultos no se tomen en serio a los niños y a los adolescentes, y que los temas relacionados con la pubertad se traten como si fueran graciosos, aterradores, repugnantes, insignificantes, inverosímiles, difíciles o tabú.

Me gustaría haber tenido más información sobre la anatomía y los procesos biológicos. Me gustaría haber sabido cómo cuidar de los demás y de mí mismo, aparte de cambiarnos la camiseta y los calcetines después de la clase de Educación Física.

Y, finalmente, me gustaría haber sido más firme y haber sabido reaccionar a los comentarios —a menudo, tontos y desagradables— de los demás, sobre todo de los adultos.

En aquel entonces no lo sabía, pero ahora comparto mis conocimientos con los jóvenes y los adultos: no solo doy información, sino que también enseño que es posible hacerlo de manera relajada, invitando al diálogo, para escuchar lo que es difícil, poco claro e inquietante.

Jaime

Agradecimientos de la autora

Muchas gracias a Adam, Andrzej, Hubert, Jakub, Jędrzej, Kamil, los Łukasz, los Maciek, Mateusz, Michał, Miłosz, Paweł, Patryk y Tomek por las largas conversaciones y por compartir conmigo sus experiencias sobre la pubertad que han aparecido en este libro.

Gracias a Iwona Chmura-Rutkowska, Andrzej Gryżewski, Alicja Długołęcka, Michał Maciejak, Julian Czurko, Ania Jurek, Marcin Leśniak y Ewelina Tyszko-Bury, y también a los miembros de Grupa Performatywna Chłopaki: a Tomasz Gromadka y Kamil Błoch, por compartir su mirada experta.